南昌大学法学文库

国家社科基金青年项目“环境效益监管的法律机制供给研究”
（17CFX039）成果

论良法的生成

余 渊 著

法律出版社
LAW PRESS·CHINA

总　序

改革开放以来，随着我国法学教育和法学研究的迅速发展，我国法学理论研究一路高歌猛进，各种法学著述汗牛充栋、琳琅满目。出版各种系列丛书，已成为各大法律院校展示科研成果和研究实力的一种方式。“南昌大学法学文库”的出版也有这种目的。

南昌大学法学教育肇始于中华人民共和国成立前的国立中正大学法律系。抗日战争爆发时，国民政府深感经纬万端，亟待忠贞弘毅之士，推行博厚笃实之教育理念，于1940年在江西泰和杏岭建立国立中正大学，享誉海内外的植物学家和教育家胡先骕先生为首任校长。该校创立之初，即设文法学院、工学院、农学院，1947年文法学院分为文学院和法学院，1948年增设法律系。彼时，适值蔡枢衡先生回家乡永修探亲，被赣鄱父老、学术达士极力挽留，终留南昌，主持中正大学法律系，任教授，兼任系主任。1949年南昌解放时，国立中正大学停办（我国台湾地区于1989年在嘉义恢复中正大学）。1980年江西大学设立法律系，法学之薪火得以在豫章故郡续燃。江西大学法律系在成立之初便云集了一大批优秀的教师，例如，刘焕文、胡正谒、丁文华、刘仕才、谢庆演、胡继群、卓凡等。许多现今知名的学者和专家也曾于20世纪80年代在江西大学法律系工作过，例如，著名民法学家徐国栋教授、山西省高级人民法院邱水平院长、原清华大学副校长谢维和教授。1993年江西大学与江西工业大学合并组建南昌大学，江西大学法律系亦改称为南昌大学法律系。经过老一辈法学家蔡枢衡、刘焕文、胡正谒等先贤筚路蓝缕、披荆斩棘和几代南昌大学法律人的奋斗，尤其是江西大学法律系成立以来的近40年，南昌大学法学院广聚人才、苦练内功，形成了梯队合理、结构优化的科研教学团队，取得了长足进步，学科优势地位日渐凸显。

“南昌大学法学文库”正是在上述背景下应运而生。文库设立初衷在于展示本校法学最新研究成果，弘扬严谨笃学、厚实勤勉的学术传统。入选文库的论著，既包括毕业于本院社会治理与法治系统工程专业的博士论文，也包括新进教师的博士论文及学院其他教师的新近力作。内容涵盖法学领域各个二级学科、法学与其他学科的交叉学科。期待经过若干年的连续出版，文库在保证质量的基础上，形成规模效应，为法学理论研究的持续繁荣锦上添花。

“南昌大学法学文库”由南昌大学法学院的教授组成编委会，甄别论著质量，筛选具有出版价值的优秀论著，法学院具体负责出版事宜。通过严格审查把关，力争出版一系列具有学术见地、学术创新的高水平著作。同时也对后学者施以激励，延续本学科优良的学术传统。

本文库的出版，有赖于法律出版社的积极筹划与倾力帮助。长期以来，法律出版社对南昌大学法学学科给予了大力支持，今日文库出版，亦为双方戮力同心、协同发展合作关系的见证。借此机会，向法律出版社表示由衷的谢忱！

“庙廊之才，非一木之枝”，我们希望各位学界同人批评指正，共同扶持青年后学。

杨　峰

2017 年 12 月 31 日于南昌大学前湖校区

序　言

良法善治已有两千余年的理论背景做支撑，亚里士多德在其《政治学》中就曾对良法概念作过一个经典的表述，即其《政治学》所提出："已成立的法律获得普遍的服从，而大家所服从的法律又应该本身是制定得良好的法律。"[1]而对生成概念作专门的学术探讨，就国内已知的材料来看还是源于亚里士多德，苗力田先生主编的《亚里士多德全集》(第2卷)所著《论生成与消灭》一文指出："所以，我们必须一般地考察总体意义上的生成和消灭，并看它们是否是存在的，又如何存在，还要讨论其他的单纯运动，譬如增长和质变。"[2]这是对生成概念最富启发性的论述，当然，亚里士多德的研究对象主要是以自然为研究对象，因而与本文的研究还是略有区别的。

本书的选题看起来较保守，但作者论述的角度很新颖且略显大胆，一是全书涉及的交叉学科门类较多，包括了发展经济学、制度经济学、法经济学、法社会学等；二是他试图对阿玛蒂亚森的帕累托自由不可能定理作出法律角度的解释，这需要莫大的勇气，当然，他的观点能否成立还需要读者耐心甄别。

全书共分六个章节，篇幅短小精悍。第一章、第二章介绍了良法生成的研究背景并梳理了相关基本概念。第三章以文明为切入口，试图论证我国的法治建设何以能够以及如何融入法治文明进程。第四章指出良法生成过程蕴含的理性可概括为利益划分与促进利益增长的实现两个方面，后者的重点包括保障权利有效率交换、扩展交换信息、区分投票利益与投票理性利益。在第五章中指出良法的结构性生成被看作为一种创造、融合、自创生的无限循环的进

[1] [古希腊]亚里士多德：《政治学》，吴寿彭译，商务印书馆1983年版，第199页。
[2] 苗力田主编：《亚里士多德全集》(第2卷)，中国人民大学出版社1991年版，第398页。

程。第六章指出良法的组织性生成的隐含意义为良法的现实性生成,具体则是指通过广泛的集体行为产生良法的过程。

作者余渊在我的弟子中很是年轻,如今刚过而立之年,正是专心学问的大好年华。我的这位弟子为人真诚善良,学习也很是刻苦,读书期间基本都待在图书馆看书,可写起文章来就是慢,在我多次的督促下,欣喜地看到他提交给我的文章每一次都有很大的提高,看得出他确实是肯静下心来下工夫做学问的人。尽管这本著作尚存不少缺憾,但其中的诸多内容不得不说颇具启发意义,作为作者的博士生导师,很高兴看到本书的出版,也希望他能继续向前,踏踏实实做学问,欣然为之序。

李　龙

2018 年 9 月 11 日于武汉大学珞珈山

目　录

引　言

一、问题的提出与研究意义

有关良法的思考源于对法治的思考，随着我国改革与发展的不断深入，法治建设问题越来越受到党和国家的空前关注，党的十八届四中全会更明确提出了加快建设社会主义法治国家的战略性、全局性和紧迫性，即“全面建成小康社会、实现中华民族伟大复兴的中国梦，全面深化改革、完善和发展中国特色社会主义制度，提高党的执政能力和执政水平，必须全面推进依法治国”。与此同时，作为国家治理现代化的两个方面，治理体系对治理能力的基础作用也是不言而喻的。改革开放的总设计师邓小平多年前就曾对此作过一个通俗而精当的阐释，他指出：“制度好可以使坏人无法任意横行，制度不好可以使好人无法充分做好事，甚至会走向反面。”〔1〕法律制度由于其权威性、终局性、强制性等特征则成为了各项制度中至关重要的一环。因而，无论是全面深化改革，以完善和发展中国特色社会主义制度为总目标推进国家治理现代化的时代要求；抑或是全面推进依法治国，以建设中国特色社会主义法治体系和社会主义法治国家为总目标践行国家治理现代化的内在要求，法治必然是国家管理合理性与国家治理可行性的保证，而良法始终是法治效力的来源、依据和指引。

而在试图理清法治发展脉络的过程中，无法跨越的三个问题分别为：其一，在戴雪明确提出法治概念前，那些与西方现代法治文明内在相融合而又区别于过往陈述的法治理论应起源于何时？其二，与之相关的是，法治的显要标志是什么？或者说我们应当依据哪些标准判断一国或地区的政府是否为法治

---

〔1〕《邓小平文选》（第1卷），人民出版社1994年版，第333页。

政府？其三，出于不同的文化背景、民族特性以及国家意识形态等因素，我们的法治建设道路应当怎样在西方经验与自身体验之间作出取舍？三个问题的逻辑之间本身又能连接为一个整体，即分别指涉了对法治认识的过去、现在与未来。

与法治形式相较，虽然良法的形成必然也包括了法治理念的内容，然而由于良法的生成作为一个现实的动态发展过程，不仅将其关注对象具体面向了一国的经济与社会发展等，同时还基于理性因素而强调了良法生成的多样性与自主性求证道路。因而，良法的生成问题既承认强烈的意识形态上的冲突，即将各国间普遍存在的意识形态冲突看作发展必须面对与研究的现实对象，但又回避了冲突的政治性，即并不以意识形态上的差异来判断良法生成之优劣。譬如，非自主的意识形态即便代表了某种更为正确的知识，然而知识本身在多大程度上具有普遍适用的特性则是需要探究的问题，在曾经的各殖民地中，我国香港特别行政区可称为成功的典范，而更多的原殖民地国家事实上则在贫穷与专制的泥沼中越陷越深。本书认为即便正确的知识仍需要以理性探求方式的制度选取进行，然而这种选取并不以求得制度上的差异为目的，那些曾被认为是法律移植的内容实际上同样可被看作给予自主性的制度上的重新组合，本书将之称为法律引进并当作是良法生成所体现的制度创新。这一观点无疑是来自熊彼特就经济领域就制度创新所下定义的启示。

本书将良法与法治的区别，还严格限定为，良法的形成过程并不拘泥于时代的特定形式而主要表现为时代的进步性。这种区别并不是一个本质的比较而是特征的阐明，事实上如果不加以特别说明，良法与法治的含义在一般情况下仍旧并行不悖。即便将法治作以形式法治与实质法治的划分，我们也很难否认实质法治与良法的内在统一性。因而研究本身将以良法的生成作为切入点可看作出于以下原因：

一方面，概念问题常常令法治混淆不清，而良法的生成则适应了人们对法律进步的多样性认知进路。其实不仅仅是法治的精确概念，即便是我国学界常常引用的如亚里士多德对良法所作之界定也难免凸显语言与文化流变中的尴尬。盖因为亚里士多德的著作“是经过两千多年来复杂的历史演变过程流传下来的，它和古代流传的亚里士多德的著作有很大不同”。[1] 譬如，以弘扬

---

〔1〕 汪子嵩等:《希腊哲学史》(第3卷上),人民出版社2003年版,第36页。

亚里士多德精神为己任的基督教哲学家托马斯·阿奎那所研究的著作,实际上也不过是源于阿拉伯哲学家阿维洛依[Averroes,阿拉伯名为伊本·路西德(Ibn Roschd),1126~1198年]由希伯来语以及阿拉伯语转译为拉丁语的版本。[1] 除不同语言导致的分歧,现代西方社会所倡导的法治(rule of law)在多大程度上能从古希腊、古罗马乃至中世纪时期的思想中找出其语义学上的共性与规律性则是法治研究面对的另一个问题。而在良法的生成过程中,笔者希望以法律的动态发展消除对静态概念的无休止论证,即仅仅剥离出对法律发展过程有所助益的特征而并不求证完整概念。

另一方面,良法的界限较之现代法治更具历时性。自启蒙运动法治观念获得普遍认同后,为追求法治概念的普适性实际上我们对法治的认知已日趋保守。譬如,二分法总结为法的统治与以法而治;三分法则一般包括法的统治、权力制约与人权保障等三个层面的内容。良法的生成则是一个持续不断的过程,即对良法认知的变化具有长期性、稳定性与连续性的特点。第二次世界大战以后对分析主义法学派、康德主义法学派与黑格尔主义法学派等的抨击间接促成了法理学领域有关"良法"与"恶法"问题的多次论战。如哈特与富勒围绕法和道德的关系问题、哈特与德富林围绕法律中道德强制性问题,以及哈特与德沃金围绕权利与法律原则等问题展开的辩论,不仅呈现了西方法理学思想史的发展历程,更是深化了对良法生成的认知。且我们完全有理由相信对良法的探求仍是人们不懈努力的方向。

而在良法的生成中统合法治、人权、发展等理念则可被理解为突破法治形式束缚的有效途径。良法的生成研究将法治建设置于一种开放性的情景,与发展相关的适当性而非某种固有模式才是良法的立足点。事实上,法治与人权的关系问题,可以说是我国近百年来寻求发展的道路上苦苦探求并希望阐释清楚的节点。并且从晚清以来的各个重要历史阶段,我们亦不难发现法治与人权始终是改革与革命最强有力的口号,是推动我国历史巨轮向前行进的核心力量。自19世纪末,法治与人权观念从日本以及西方国家相继传入中国,发生的辛亥革命、新文化运动、人权运动等,无一不是以法治与人权的探讨为根本论点。其中,《鄂州临时约法》首次将人权入宪,是我国将法治与人权结

---

[1] 参见苗力田主编:《亚里士多德全集》(第1卷),秦典华译,中国人民大学出版社1990年版,序言。

合的初次尝试。并且,共产党人在这一时期也发挥了重要作用,不仅陈独秀在新文化运动时期率先提出了人权与科学命题,毛泽东同志也曾在20世纪20年代湖南的“省宪运动”时期深入探讨过生存权、劳动权等问题。

新中国成立以后,法治与人权的观念双双进入了一段曲折期,但自改革开放以来,伴随着改革与发展的主旨又先后重新获得承认并逐渐汇合。党的十五大报告率先同时对“依法治国”与“尊重与保障人权”给予肯定,同时,“依法治国”于1999年、“尊重与保障人权”于2004年先后被写入《宪法》,即标志着我国自2004年起法治与人权的再次结合。党的十八届四中全会所作出的《关于全面推进依法治国若干重大问题的决定》(以下简称《决定》),则把法治的进程推向了高潮,其中人权与发展问题亦受到重视。《决定》的第一部分“坚持走中国特色社会主义法治道路,建设中国特色社会主义法治体系”中特别强调了“必须坚持法治建设为了人民、依靠人民、造福人民、保护人民,以保障人民根本权益为出发点和落脚点,保证人民依法享有广泛的权利和自由”。并专门提到了“人权司法保障”“尊重与保障人权意识”等概念。同时《决定》还多处提及诸如改革发展、经济发展、社会发展、和平发展、事业发展、制度化发展、创新发展等发展概念。而其中明确提出的“法律是治国之重器,良法是善治之前提”这一重要理念更是将良法提升到国家治理的层面。以此为契机,在中国的实践中应如何看待法治、人权与发展的关系问题必然将是国家依良法而治所关注的焦点。

二、国内外研究现状

(一)国内研究现状

其一,有关良法、制度变迁与良法生成的理论。在我国就良法讨论最多的是良法的标准问题。李龙、汪进元所著的《良法标准初探》从指导思想、价值建构、规范结构、文化精神4个角度总结了中国社会主义良法的基本标准。李步云、赵迅所著的《什么是良法》分别从社会发展的角度与人类正义的角度界定了良法的概念,并从内容的合规律性、价值的合目的性、形式的合科学性论证了良法的标准。李龙主编的《良法论》不仅总结了古今中外有关良法的各种争议,将良法的基本标准界定为价值合理性、规范合理性、体制合理性、程序合理性4个方面,同时还就良法的价值标准、程序标准、形式标准具体展开论述。

当下中国则以良法与法治、善治等关系的讨论最为热烈。张星炜所著的《良法是善治的前提》从社会的公平正义以及社会意愿与要求两个层面界定了良法的内容,并指出提高立法质量是建设中国特色社会主义法治体系的关键。伍治良所著的《良法善治:社会治理现代化的衡量标准》提出良法是法治的根本属性,从依法而治走向良法善治,是中国特色社会主义法治建设与和谐社会建设的必然要求,是推进现代化建设的重要路径。何志鹏所著的《"良法"与"善治"何以同样重要——国际法治标准的审视》从国际法的角度提出由于国际法本身不成体系,国际法治的建设更应该重视法治建设的实体要求,良法就体现为注重权利保护、正义追求等价值理念。

围绕制度变迁的主题学界的分歧颇大。周雪光、艾云所著的《多重逻辑下的制度变迁:一个分析框架》以社会变迁的具体历史为背景,指出了制度变迁中多重制度逻辑及其相互作用的重要性,把多重逻辑作为分析着眼点来认识和解读制度变迁的过程。李汉林、渠敬东等所著的《组织和制度变迁的社会过程——一种拟议的综合分析》则强调"有关中国组织和制度创新与变迁之社会过程的研究,应以社会变迁,而非制度类型学作为基本范式",并提出"以变迁为统摄的中国组织和制度创新与变迁之社会过程,必须在制度与其文化、组织系统与其环境之间的多重关系内加以考察"。[1] 黄少安所著的《关于制度变迁的三个假说及其验证》阐述了西方新制度经济学提出的三个假说,包括"同一轨迹上制度变迁的边际效益先增后减"假说、"政府以行政手段推进市场化进程"假说、"制度变迁主体角色定位与角色转换"假说。实际上则从以上三种路径比较了引导制度变迁的可行性模式。

而以良法生成为直接研究对象的研究在国内较为少见。刘云林所著的《试论良法的生成路径》一文从确立良法意识、设定具有道德合理性的法律体系、以道德价值体系引领法之创制以及道德规范的法律转化 4 个角度论述了良法的生成中法与道德的关系。龚怀林所著的《良法生成的路径分析》则同样从价值目标与道德的形成与转化论证良法的形成。李龙、周刚志所著的《良法价值构造论》将良法的价值定义为良法所具有的满足价值主体需要的属性,其客观依据是法律的优越品性与功能、主观动因为法主体的利益需要、现实途径

---

[1] 李汉林等:《组织和制度变迁的社会过程——一种拟议的综合分析》,载《中国社会科学》2005 年第 1 期。

为法律的创制活动。然而,该文仍将良法的构造限定于立法活动领域。

其二,有关人权、法治与发展的关系及一般概念的理论。罗隆基所著的《人权·法治·民主》一书,系统阐述了法治与人权的概念及时代意义。夏勇所著的《人权概念起源》通过阐释人权概念的起源和生长历史,创造性地将中国传统与人权融合到一起,提出用和谐精神改造和统摄人权概念。毛汉光所著的《中国人权史·生存权篇》、汪习根所著的《法治社会的基本人权——发展权的制度研究》则分别从两大基本人权,即生命权和发展权深入揭示了我国人权的发展状况和规律。苗贵山所著的《马克思恩格斯人权理论及其当代价值》一书通过梳理马克思、恩格斯人权理论的形成及其基本内容,阐述了马克思、恩格斯人权理论的当代价值,特别是对当代社会主义人权理论建设的指导作用。熊万鹏所著的《人权的哲学基础》将人权哲学与政治哲学结合,通过对不同政治哲学下人权思想的阐述,提出了人权保障的"中国模式"。

其三,有关我国法治与人权发展历程的理论。主要包括晚清以来的涉及人权论争的一些运动、学术争论和立法活动等,其分为不同历史时期。(1)晚清至民国法治和人权概念的发展。陈独秀、李大钊、鲁迅等编著的《新青年》,胡适、梁实秋等著《人权论集》,杨幼炯的《近代中国立法史》,谢振民的《中华民国立法史》等为主要理论资料。以中国社会科学院近代史研究所主编的《中国民权保障同盟》《中华民国史》中关于辛亥革命、新文化运动、"制定约法、保障人权"运动等为主要史料。相互结合探讨这一时期法治与人权的发展状况与脉络。(2)改革开放至2004年。以2004年为分割点,因"依法治国""国家尊重和保障人权"于该年同时出现于宪法,主要参考资料是关于法治与人权在这一时期的讨论。包括宋月华、李志强主编的《法治与人治问题讨论集》,韩德培、李龙主编的《人权的理论与实践》,董云虎的《中国人权状况白皮书总览》,陈佑武、李步云的《改革开放以来法治与人权关系的历史发展》,吴大英、刘瀚的《对人权要作历史的具体的分析》,晨钟的《国内报刊关于"人权"问题的讨论综述》等。(3)2004年至今。自2004年以后,我国的法治和人权发展事业无论在理论上还是实践上都取得了更大的成就。主要参考资料在理论层面探讨我国法治与人权的发展动向,包括李龙主编的《人本法律观研究》,李步云所著的《论人权》,李影所著的《以人为本理念下的中国人权建设研究》等。在实践层面以国家官方文件及学者的调研报告为蓝本,包括党的十七大、十八大报告,国务院新闻办公室所著的《国家人权行动计划(2012~2015年)》,曾令良、冯洁菡所著的《中国促进国际法治报告(2014 年)》等。

(二)国外研究现状

其一,有关良法、制度变迁与良法生成的理论。斯托特在《培育良知——良法如何造就好人》中指出充斥于人们日常生活之中所体现的良知是制定法律与政策时不可忽略的一项重要因素,如果我们想要步入真正的法治社会和文明社会,我们就不能忽略良知的重要作用。雅斯贝尔斯则在《历史的源与流》[1]一书对人类历史的分析与比较中得出历史的最终目标是历史的统一,是人类历史及其制度方面走向统一的自然变化与发展过程,历史的唯一性与特异性同时存在,且于特异性中凸显人性的本质,历史的统一就是多样化的统一。埃利希的《法社会学原理》鲜明地指出在任何时候法律发展的重心都是社会自身,并以组织、团体与行为关系为切入点论述了法律的生成路径,包括属于裁判规则的法学家法与源于社会生活由联合体内部自发生成的活法。

其二,有关论述人权、法治与发展的关系及一般概念的理论。崔贝尔考克与丹尼尔斯合著的《法治与发展》中的一个重要命题是"法治是与发展不可分离的一种普遍性的善",而一国推进法治的决定将对一国的普遍发展起到重要作用。美国学者林·亨特的《人权的发明》,将人权置于一系列更广泛的文化变化历程中进行论述,通过将人权与社会史联系在一起,提供了人权概念明晰而独到的见解。英国学者詹姆斯·格里芬所著的《论人权》一书,对人权的探讨重点从 4 个方面入手:什么样的权利是人权,我们如何辨别某项被认为是人权的权利是否真的是人权,我们该如何确定特定人权的内容,我们又该如何解决人权之间的冲突。并指出当今人权问题的根本症结在于人权定义的不确定性。英国哲学家席勒《人本主义研究》一书揭示了人权与事实的关系,他提出一种完全地、一贯地、有所依赖地真理,即这种真理依赖于人的生活,满足生活需要的,由人制造,参照人的经验。并且在它的认识作用的过程中内在地演化出每件被称作"实在的"、"绝对的"和"超越的"东西。必须承认真理是人的真理。

---

[1] See Karl Jaspers, *The Origin and Goal of History*, trans. by Michael Bullock, New Haven and London, Yale University Press, 1953, pp. 247 – 265.

其三,有关制度中经济理性的理论。科斯所著的《社会成本问题》[1]中明晰了法律制度中交易成本与产权的相互关系,并揭示出合理的产权配置在降低交易费用上所可能起到的积极作用。而以布坎南所著的《公共选择理论:经济学在政治方面的应用》《宪法的经济政策》[2],巴泽尔的《产权的经济分析》,布罗姆利的《经济利益与经济制度——公共政策的理论基础》等则揭示了在促进经济增长过程中权利交换的核心作用。阿罗的《社会选择与个人价值》、阿玛蒂亚森的《帕累托自由不可能定理》[3]分别描述了理性与利益在以法制为基本规则的社会选择中可能遇到的现实困境。

其四,有关经济制度与法律制度相互作用的理论。熊彼特所著的《资本主义、社会主义与民主》[4]《经济发展理论——一个就利润、资本、利息和商业周期的调查》[5]等通过总结经济发展的历史规律,提出了主要涉及经济制度领域方法创新的"创新理论"。戴维与诺思在《制度变迁与美国经济增长》[6]中阐述了制度(包括经济制度及其他制度在内)如何促进美国经济的增长,尤其是产权在整个人类历史发展中的重要作用,同时还进一步界定了制度环境、制度安排等与经济制度有密切关系的概念。诺思的《经济史上的结构与变革》以制度变迁解释经济增长,并试图说明制度创新在技术未发生变化的情形下亦能发挥促进经济增长的功能。诺斯所著的《制度变迁与经济绩效》[7]进而将社会规则细分为正式规则、非正式规则与实施规则。

---

[1] See Ronald H. Coase, "The Problem of the Social Cost", *Journal of Law and Economics* 3, 1960, pp. 1 – 44.

[2] James Buchanan, "The Constitutional of Economic Policy", *American Economic Review* 77, 1987, p. 243.

[3] Amartya Sen, "the Impossibility of a Paretian Liberal", *The Journal of Political Economy* 78, 1970, pp. 152 – 157.

[4] See Joseph A. Schumpeter, *Capitalism, Socialism and Democracy*, London and New York, the Taylor & Francis Press, 1976, pp. 1 – 431.

[5] See Joseph A. Schumpeter, *The Theory of Economic Development-An Inquiry into Profits, Capital, Credit, Interest, and the Business Cycle*, Cambridge, Harvard University Press, 1961, p. 66.

[6] Lance E. Davis, Douglass C. North, *Institutional Change and American Economic Growth*, New York, Cambridge University press, 1971, pp. 1 – 271.

[7] Douglass C. North, *Institutions, Institutional Change and Economic Performance*, New York, Cambridge University Press, 1990, pp. 3 – 140.

三、研究的内容与方法

(一)文献研究法

制度与发展是研究良法生成的核心内容。本书则主要以经济发展与人的发展为重心,以促进发展之经济制度与法律制度的一般关系为关注点。在严格遵循马克思主义有关法与经济的基本观点以及人的全面发展的一般理论基础上,以新制度主义学派、制度主义法学派、社会法学派阐述的相关观点作为本书文献收集的主要内容。

围绕人权与法治为主题的文献由于占到了整个现代法学研究领域的绝大部分,无论国内还是国外的哪个时期皆是如此。因此本书在文献的筛选方面有如下区分:(1)在分析西方法治理念时,分别以古希腊、古罗马、中世纪为侧重点,将选取柏拉图、亚里士多德、西塞罗以及托马斯·阿奎那作详尽比较;(2)在阐述人权与法治的理念问题时,以启蒙运动时期和第二次世界大战前后的著名思想家和学者的代表性观点为主,如斯宾诺莎、康德、伏尔泰、卢梭、拉德勃鲁赫、施塔姆勒等的人权观及法治观;(3)在阐述社会主义人权理论时,以马克思、恩格斯、列宁、毛泽东、邓小平等人的著作为主要参考文献;(4)在论述我国人权的发展历程时,亦仅分别选取各个时期的代表性观点,如五四新文化运动时期,以胡适、陈独秀等人发表在《新青年》上的文章为主;(5)在展望我国依法治国、人权保障以及经济与社会发展进程时,以我国的法律法规、官方文件和现当代学者的观点为主,并以美国、法国等国的相关理论为借鉴。总体说来,本书基本是宏观上的文献梳理,主要目的是呈现不同时期的理论概况。关于外国文献的处理,会尽量呈现其原意并适当借鉴。

(二)跨学科研究法与描述性研究法

在始终坚持以辩证唯物主义与历史唯物主义作为根本研究方法的基础上,本书其他相关的研究方法主要还包括跨学科研究法和描述性研究法。

本书的研究范围将广泛涉及社会学、经济学、哲学、系统论等领域。其中,社会变迁、制度变迁等理论将从社会学角度予以说明。制度的分类、制度的激励作用、公共选择理论等将从经济学角度予以说明。康德就有关理性、先天综合判断、先天判断、分析判断、经验判断、综合判断等的论述将是本书主要用到的一些哲学领域基本概念。系统论模型的引入则是出于阐释良法结构性生成的目的。

四、论文结构

全书共分为六章。

本书在引言部分,主要介绍论文问题的提出与研究意义、国内外相关研究综述、论文的研究方法和可能的创新。其余五章分别为“良法生成的基本概述”“良法生成的文明向度”“良法的理性生成”“良法的结构性生成”“良法的组织性生成”,就良法生成涵盖的内容以及良法生成的文明视角、理性视角、结构性视角、组织性视角分别展开研究论述。

在本书第一章“良法生成的基本概述”中,主要试图表明良法的生成过程既贴合了发展的内容,包括经济发展、社会发展以及人的发展;又体现了良法自身内容上的发展,即法治、人权等理念;并总结出有关良法的一些基本共识。

在本书第二章“良法生成的文明向度”中,将在三个方面作出努力:其一,从文明差异的角度厘清法治理念的由来;其二,探讨现代法治思想形成前法治理念从形成到发展的主要特征;其三,从文明差异的角度探讨我国传统法律文明的意义以及在所谓的“文明冲突”中如何看待我国的法治建设。

在本书第三章至第五章“良法的理性生成”“良法的结构性生成”“良法的组织性生成”中将围绕良法生成之理念、制度与组织展开论述。具体而言,理性视角将以体现为良法生成背后的利益为出发点,具体包括:法治对利益的划分功能与促进功能;产权与权利交换的相互关系;理性与利益在权利交换中的作用;投票利益与投票理性利益;理性与理性方法等的阐述。所形成的基本观点为:首先,产权的设置应当是综合理性的产物而非基于经济理性,与产权的设置相较,通过权力和利益的交换实现背后的经济理性具有更为重要的现实意义。其次,扩大信息是实现权利交换的根本途径,在公共选择中,以扩大信息破解阿罗不可能定理恰恰是尊重选民理性的体现。最后,社会选择中所体现的个人自由与帕累托效率的冲突,即帕累托自由不可能定理所意欲表达的矛盾之处在法律领域早已存在明确的表述,譬如有关优先权的规定就表明最低限度自由原则需以法律规定才能成立。

结构性视角将致力于描绘社会中良法生成的系统结构,即社会变迁与人的需要地变化推动了法律制度的创新,良法的生成是一个从创新到法律秩序的形成并反馈到法律制度之中的一般过程。同时受凯尔森、哈特等人的启发，本书认为法律制度内部亦存在自我生成过程，诸如逻辑的自我完善、外在哲学概念或科学发现的引入等，这是制度能动性的体现。因此良法的结构性生成发生在法律的创造、融合与自创生领域，而自创生领域同时又包含有一定相对的独立性。同时，本书还将说明基于一种制度创新的观点，法律移植由于理性的运用严格来说是不存在的，本书代之以法律引进的概念。

组织性视角则以良法在现实组织中的生成为侧重点，包括了三个层面，即社会控制的有效性、人的需要的延展性以及法律制度的环境属性。本书还结合当下中国法治建设中国家治理、法治化与人权保障等主题展开组织性生成的具体建构。

第一章 良法生成的基本概述

一、作为分析前提的良法与生成问题

（一）生成的含义

在中文语境中，生成的最基本含义包含了两个方面的指向。除却“生来就有”[1]这一极具中国色彩的解释外，本书所称之生成概念主要指涉另一更为普遍的解释，它与变易同义，指“反映事物发生、变化与消灭的哲学范畴”。[2]目前已知早在古希腊时期生成思想已有所体现，继阿那克西曼德主张“对立是在‘一’之中，是由它分离出来的”[3]以及毕达哥拉斯提出以“数”为本原的和谐思想后，赫拉克利特成为具有朴素生成思想的代表人物，他继而将世界的本原描绘为火而指出“唯有变化才是永恒”；以逻各斯解释万物的生成而指出了事物运动变化中对立的争斗与统一；将逻各斯与城邦治理联系起来，“良好的城邦社会秩序靠制定良好的法律来维系与保障”，[4]逻各斯之法是上升了的唯一神圣之法而法律需要服从这样一种逻各斯之下唯一的意志，因而人们应当服从多样性而非任意性的法律。

黑格尔在《逻辑学》一书中，则凭借这一概念系统的构造了其唯心辩证法的框架。他指出，作为“绝对精神”自我发展开端的“有”及作为“有”之对立面

---

〔1〕 辞海编辑委员会编纂：《辞海》，上海辞书出版社 2009 年版，第 2018 页。

〔2〕 同上书，第 155 页。

〔3〕 苗力田主编：《亚里士多德全集》（第 2 卷），中国人民大学出版社 1991 年版，第 13 页。

〔4〕 叶秀山、王树人主编：《西方哲学史》（第 2 卷·上），凤凰出版社、江苏人民出版社 2005 年版，第 152 页。

的“无”即是对立的又通过生成而体现为统一，生成的环节间既相互区别又处于扬弃的过程中，生成并非对有与无的抽象，而是通过内在的综合实现对自身的自我扬弃，生成方式基于“有”与“无”开始的不同而包含了双重的方向，“一个方向是消灭；有过渡到无，但无又是它自己的对立物，过渡到有，即发生”。[1]生成体现为从发生与消灭两个方向共同构建的某种均衡，均衡的意义除了作为人们外在对概念的反思，还表现在于概念范围内建立规定性而赋予“有”以一定的特性，从而产生规定了的、具体的“有”，即“实有”；生成的结果使“有”具有了规定性，即具有了一定的“质”。可以说生成体现和说明了事物自身发展的过程，是一个持续的动态过程，故我国学者杨一之先生即将德语中黑格尔所称之“生成”（werden）译为“变”而突出其“发展”，实际上仍是恰当的。[2]

在继承和批判黑格尔辩证法的基础上，现象学哲学家们对生成问题的探究显得富有成效。现象学学派创始人胡塞尔是对黑格尔的辩证法进行猛烈批判的代表人物，其历史现象学则试图从生成与结构（本质）的困境中寻求发展的进路。生成与结构的困境实质上是生成与结构何者为先的问题，即历史是生成的还是有结构的。将历史假定为生成的产物，其理论上最大的困难在于如何解释个体人产生历史的方式；而将历史假定为有结构的，那么人类历史则将陷于一种被决定的境地，人类历史不过是与各种动植物略有区别的进化史。而在胡塞尔看来历史应当是一种先验的历史结构，而为了解决生成与结构所带来的理论困境，胡塞尔引入了无限视域的观念，“所谓‘视域’，通常是指一个人的视力范围，因而它是一种与主体有关的能力”。[3]胡塞尔通过以人的视力范围作比，进而提出了视域的有限性与无限性，无限视域是指人的视力范围无法达到的边界，正如人的视力所能触及的地平线，随着时间的推移与人的实践的进行，视域处于不断变化之中，因而新的先验历史结构也随之产生出来，新的先验历史结构与原有的先验历史结构的叠加则共同构成了当下现有历史的本质。此时，胡塞尔的生成实际上并不是黑格尔所指通过内在的综合实现对自身的自我扬弃，而是不断创建、沉淀与聚合的过程，原有的历史结构作为

---

〔1〕［德］黑格尔：《逻辑学》（上），杨一之译，商务印书馆1966年版，第97页。

〔2〕同上书，第70页。

〔3〕倪梁康：《胡塞尔现象学概念通释》，三联书店2007年版，第218页。

整体被吸纳进历史本质。

继胡塞尔以后，法国哲学家德里达则表现出了对辩证法的偏好，且赋予其本体论的意义，而他对生成的创见更多地体现在了将人的生存看作本体论反思的起点。这是一道胡塞尔并未曾开启的哲学阀门，德里达以此解释先验生成之可能性并赋予了进化的现实意义，同时也为生成概念注入了新的特征，“一方面，生成即诞生，生成是瞬间的绝对产生或是不可还原到此前瞬间的瞬间产生，生成即创造，与其他存在者相比较是彻底的、自主的创生。简而言之，它不可能不是一种绝对的起源，在时间上、本体论上以及价值论上都具有源初性。可以说，生成是先验意识的成就，本质上是一种先验生成。可另一方面，只有从本体论和实践的整体性的内部出发，这种生成才能得到理解，所有生成的产物都是已存在的另一事物的产物，由过去孕育并朝向未来。它的含义仅仅存在于语境之中，具有一种被包含的内在性，他在本质上是一种经验的生成”。[1]

马克思主义经典作家则从根本上充分认识到黑格尔仅将生成限定为绝对理念的发展变化这一固有局限性，并坚持从唯物主义的角度，鲜明地指出发展变化还应回归到不以意志为转移的客观事物上来，并揭示出存在决定意识的深层关系以及发展变化的必然性。具体表现为“在发展的过程中，以前的一切现实的东西都会成为不现实的，都会丧失自己的必然性、自己存在的权利、自己的合理性；一种新的、富有生命力的现实的东西就会起来代替正在衰亡的现实的东西——如果旧的东西足够理智，不加抵抗即行死亡，那就和平地代替；如果旧的东西抵抗这种必然性，那就通过暴力来代替”。[2] 并早在德里达之前经典作家早已意识到人的现实存在对社会的生成过程居于一种核心的地位，具体可表述为生成过程作为现实载体通过内在的综合实现与对自身的自我扬弃以满足对人的需要，而良法生成之所以可能，也无外乎是法律作为调整社会关系的一类重要规范使需要外在化并使其必然地得到满足。且正如马克思所指出，“社会的迫切需要必须而且一定会得到满足，社会必然性所要求的变化一定会给自己开辟道路，并且迟早总会使立法适应这些变化”。[3] 因此，

---

[1] 方向红：《生成与解构》，南京大学出版社2006年版，第35页。

[2] 《马克思恩格斯全集》(第21卷)，人民出版社1965年版，第307页。

[3] 同上书，第65页。

我们完全有理由相信良法的实现就是良法生成的本体性体现与必然性趋势。

(二)良法的标准

当本书声称“良法的实现就是良法生成的本体性体现与必然性趋势”,那么下一个需要阐释的基本问题就演变成什么是良法以及如何判断良法的实现。对于前一个问题本书并不打算在此处作直接地回答,而是将其置于良法生成概念的探讨;后一个问题则实际上关涉良法的标准。

所谓良法的标准,即建立起来用以衡量事物能否认定为良法的依据或准则。而在确定良法标准前,可行的策略应当是缩小良法的范围,即明确衡量之对象。毫无疑问良法必定是限定于法的范围以内,然而恰好正是在可称为良善的事物面前,法的范围反而往往并不那么清晰。为此,意大利著名刑法学家贝卡利亚将调整人类行为的各项道德原则和政治原则从宗教、自然和政治三大类别对善与恶进行了区分,三者之间特征明显,且既不相互对立,又不相互包含。其差异的主要方面是前两者体现出价值理念的永恒,而政治美德因为“只是行为与千变万化的社会状态间的关系,它可以根据行为对社会变得必要或有利的程度而变化”,[1]故而政治美德的观念本身也是千变万化的,需要凭借对社会关系的理解来克服“逻辑上的错误”与“政治上的短见”,而良法首要的应划归到政治美德的范畴,并具体指出“神学家的任务是根据行为内在的善或恶来确定正义与非正义的界限。公法学家的任务是确定政治上的正义与非正义的关系,即行为对社会的利弊关系”。[2]

当然,清晰地区分出良法的范围这一重任远不是本书所能完成的,因为作为良法分析前提的法律的范围本身常常令人混淆不清。正如我国学者沈宗灵所指出:“什么是法?这是自古以来西方法律思想中一个长期争论不休的主题,在现代西方法理学中,这一争论不仅更为剧烈,而且更为混乱。”[3]保守地说,有多少法学流派就至少相应存有多少种法的范围的划分方式,而“西方法学流派的划分是相对的”,[4]实际上,学派内部不同法学家之间的观点往往也

---

〔1〕 [意]切萨雷·贝卡利亚:《论犯罪与刑罚》,黄风译,北京大学出版社2008年版,第4页。

〔2〕 同上。

〔3〕 沈宗灵:《现代西方法理学》,北京大学出版社1992年版,第23页。

〔4〕 张文显:《二十世纪西方法哲学思潮研究》,法律出版社2006年版,第29页。

呈现不同程度的差异，且伴随着时间上的更替，由于社会现实、法律实践、价值理念等因素的变化，理论本身也将出现相应的调整。故此，为了不使对良法的范围的讨论陷入无休止的争论，本书仍仅以贝卡利亚的阐述就良法的范围作出一种梗概性的说明，它至少表明以下几点：良法仅是调整人类行为各项原则之部分；良法同样具备一定的道德性但与宗教或自然的永恒道德有所区别，它以行为与社会的关系为变化的根据；作为开创世俗生活之幸福的良法亦负有不容取代的历史使命和特异的评判标准；良法隶属于政治范畴。

根据良法范围的简要说明，本书粗略地将良法的标准概括为以下四点：

其一，顺应时代潮流。马克思主义经典作家在批判以黑格尔为代表的唯心主义辩证法时就明确指，出黑格尔的“第一个错误”就在于将绝对知识异化为整个世界的本质和尺度以及整个运动的终结形式，而并没有认识到人在历史运动中的核心作用，即人的劳动实践才是推动历史运动的根本原因，因而也不会意识到历史的运动应当是“作为既定的主体的人的现实的历史”，是“人的产生的活动、人的发生的历史”。[1] 而当我们声称良法应顺应历史的潮流，那实际上是在表明随着“人的产生的活动”的推进，随着人类意识的不断向前发展，良法应通过探究与调整以顺应这种历史的运动，从本质上来说，即是立法者发现而非创造法律。

美国社会法学派代表人物庞德对文明的表述，从某种程度上来说实际上也贴近了经典作家的观点。庞德指出：“文明是人类力量不断地更加完善的发展，是人类对外在的或物质自然界和对人类目前能加以控制的内在的或人类本性的最大限度的控制。”[2]而与贝卡利亚极其相似的是，庞德将历史上存在过的社会控制的主要手段区分为道德、宗教和法律三大类别，但他同时也指出法律成为了近代世界社会控制的主要手段。自16世纪起，社会政治组织取代血亲集团和宗教组织并发展成为进行社会控制的首要社会单位，社会政治组织的强力也发展成为垄断性的强力，而法律正是通过有秩序地和系统地适用这种强力来调整关系和安排行为以实现社会控制。因而当我们认为衡量良法的标准之一是顺应时代潮流，实际上也在表明良法作为维护文明之方法以及

---

〔1〕［德］马克思：《1844经济学哲学手稿》，人民出版社1985年版，第116页。

〔2〕［美］庞德：《通过法律的社会控制 法律的任务》，沈宗灵、董世忠译，商务印书馆1984年版，第9页。

社会控制之手段的时代重任。

顺应时代潮流的第三层含义则在于良法在整个人类历史维度所具有的时效性。对所有中国人来说,晚清至民国的一段血泪史则再清楚不过地表明自身发展与世界文明严重断裂时可能招致的危害。虽然两者并不一定具有直接地因果关系,然而人类社会打破地域隔阂作为整体的发展趋势确实也凸显了这一方面的因素。良法的时效性即在于本质上应当发挥其对人类和社会发展促进而非维持停滞状态或阻碍的历史作用。“不是等待缓慢的人类组合更迭运动在坏的极点上开创好的起端,而是利用优秀的法律促进其中间的过渡。”[1]也就是说,一部曾经的“良法”完全有可能在时间的沉淀中沦为坏法乃至恶法,那些历史上出现过的不完备的审讯规则、任意且严苛的定罪原则以及残酷的刑罚方式等之变迁过程,都充分地说明了这一点。

其二,反映多数人意志。早在古希腊时期柏拉图即已认识到法律必须体现为整体的国家利益,并认为“那些被当作特殊阶级利益而非国家利益的法律不是真正的法律”。[2] 亚里士多德在柏拉图理论的基础上,进而提出为全体公民的共同利益着想的共和政体为最优良且最值得选取的政体,判断一国政体是正确政体还是蜕变政体的唯一标准即是该政体体现的是公共利益还是自身利益。自亚里士多德以后,法律应体现公共利益的思想在古罗马、中世纪等各个时期都有所体现。且无论是性善论者还是性恶论者,对公共利益的认知也几乎没有根本性的冲突,即便如霍布斯将人与人的关系形容成“彻头彻尾的狼性”,却仍然主张“良法就是为人民的利益所需要而又清晰明确的法律”。[3]

良法反映多数人意志表现在通过法的创立与实施过程,使多数人的意志得到表达,使最广大人民群众的基本权利和根本利益于立法、执法、司法等各个环节中得以体现,从而反映和维护全体人民的共同利益和意志。正如马克思所指出:“法律应该是社会共同的、由一定物质生产方式所产生的利益和需要的表现,而不是单个人的个人恣意横行。”[4]贝卡利亚对良法的认知表明多数人意志并不是基于一种功利主义的理论,在其看来,功利主义的理论依据并

---

[1] [意]切萨雷·贝卡利亚:《论犯罪与刑罚》,黄风译,北京大学出版社2008年版,第6页。

[2] John M. Cooper, *Plato Complete works*, Indianapolis/Cambridge, Hackett Publishing Company, Inc., 1997, p. 1401.

[3] [英]霍布斯:《利维坦》,黎思复、黎廷弼译,商务印书馆1985年版,第113页。

[4] 《马克思恩格斯全集》(第6卷),人民出版社1961年版,第292页。

没能有效克服权力对法律的侵蚀,良法(高明法律)实质上应当是"利益均沾",而"最大多数人分享最大幸福"的功利主义原则并未能有效解释通过把少部分人推向痛苦的深渊以实现大多数人幸福的政治原则的谬误之处。社会主义法律源于马克思主义经典理论的正确指导,通过以多数人意志与全体人民的根本利益为导向,使贝卡利亚"利益均沾"的理念和实现路径变得更具说服力。具体而言,即以反映民主精神的多数人意志作为其形式要求,以"全体人民的共同利益和愿望"而非"最大多数人分享最大幸福"分配权利或利益的准则作为其实质性要求,从而与功利主义原则形成了根本的区别。

其三,符合客观规律。良法必须符合事物的客观规律,它意在表明以下四点:首先,应当认识到法律自身亦具有客观属性,法律从来不是凭空捏造的,也并非可以任意改变的,从本质上来讲,它应当是由统治阶级物质生活条件所决定并反映统治阶级意志的产物。其次,良法并非形而上的理念,通过内在的综合实现和对自身的自我扬弃,良法之生成亦表现为一种自我的发展过程,持续不断的发展过程。再次,良法也并非某种至善的"绝对知识"或"绝对理念",而是体现于人的实践过程中发展着的理念,"唯物主义的基本前提是承认外部世界,承认物质在我们的意识之外并且不依赖于我们的意识而存在着"。[1]最后,也是最不能忽略的一点则是法律并不是规律本身,法律仅仅是事物本质与规律的表达,因而良法的规律性必须以事物的客观规律为依据,正如马克思所指出:"事物的法的本质不应该去迁就法律,恰恰相反,法律倒应该去适应事物的法的本质";[2]具体而言,法律的发展变化还将受到多重关系的制约,其中最具根本性的制约则来自经济基础的变更所带来的直接影响;而法律对诸如现实社会生活的适应对良法的生成虽然并不具有决定性的影响,但却同样是衡量良法的重要标准。

其四,便于操作。以上三个标准一般来说都是从良法的目的性角度出发,但良法的工具理性同样不应忽略。其中一项明确的衡量标准即法律是否便于操作。早在数十年前庞德即指出"法律的生命在于其实施",中国在改革开放40年的探索实践中亦充分认识到了这一点,并于党的十八届四中全会的《中共中央关于全面推进依法治国若干重大问题的决定》中明确指出,"法律的生

[1] 《列宁全集》(第18卷),人民出版社1988年版,第81页。
[2] 《马克思恩格斯全集》(第1卷),人民出版社1964年版,第139页。

命力在于实施,法律的权威也在于实施”。而一项法律能否便于操作则直接关系到法律的实施好坏。

便于操作的标准主要体现在了两个方面,即是否便于理解以及是否便于执行。就理解层面而言大致包括:(1)规范性,用语的规范首要在避免歧义使人不致产生误解;其次是用语既要体现专业性与科学性,同时以简洁明了为原则,我国现代法治建设起步较晚,法律文本中充斥着许多外来的词汇,且由于翻译过程造成的用语不统一、潜在含义不明以及用语艰深晦涩,特别是语言环境的差异等都为法律执行者与适用者在理解上构成了障碍。(2)协调性,即法律不能自相矛盾,一类是不同法律文本间适用上的矛盾,尽管法的适用原则已使得绝大多数法律适用的效力问题得到解决,然而过多效力上的冲突与不统一势必对法律的权威性和一致性有所减损。另一类是法律自身的错误和矛盾,诸如事实认知错误、事实表述错误、前后表述不一致等。(3)简明性,这里的简明性往往是就相关法律搜寻的简易程度而言,在英美法系国家中,判例法的适用将这一困难进一步凸显出来,而在大多数成文法国家,对法典的编撰和清理则是体现简明性的重要方式。就执行层面而言包括:(1)完整性,即一类法律规范应当尽可能将所有应由法律调整的社会行为囊括其中,避免出现法律与权利真空。(2)严密性,主要针对法律规则的结构形式而言,即一项法律规则应具有的假定条件、行为模式、法律后果三个基本要素,而任何一方面的缺乏都会直接造成无法执行的后果,因此我国立法法也对此类规范的效力问题作了详细规定。

二、良法生成的发展基因

(一)经济发展释义

经济学的本义在于促进发展,尤其是经济的发展。如若不然,经济学就会湮没在其他学科之中。“在历史上,发展是一个几乎专属于经济增长的术语,随之产生的结果是人们的权利与自由融入到工业化领域。”[1]古希腊历史学家色诺芬(Xenophon)所著的《经济论》标示着“经济学”词源的诞生,文中强调

---

〔1〕 Sammy Adelman, Abdul Paliwala ed. *Law Crisis in the Third World*, London & New York, H. Zell, 1993, p. 7.

的“良好的组织”被普遍认为“可以产生双倍的生产力”，他亦重视效率，“管理艺术”概念说明了“行政当局才是有效配置资源和实现效率最大化的方式，而市场机制则不是”。[1] 尽管这位古希腊的经济思想与现代存有较大出入，但其对发展的关注是明显的。“按照严格的经济术语，‘发展’是指实现人均收入(income per capita)持续增长以使一个国家能够以高于其人口增长率的速率扩大其产出。”[2]经济学的发端就隐含了这种朴素的增长式发展理念，代表了经济发展的最初内涵。经济增长是经济发展的必要条件，但不是充分条件，经济发展的实现，除了经济增长以外，还需要求诸如经济组织、经济制度、社会融合、政治稳定等各方面的合力作用。经济增长自身也需有所凭依，譬如重商主义强调政府与商人的核心作用，以国家间贸易增长为目的，并没有触及社会财富增长的本质，“真正的现代经济科学，只是当理论研究从流通过程转向生产过程的时候才开始”。[3]

对生产的重视构成了现代经济学中发展的主线。马克思主义经典作家指出，“重农主义体系是对资本主义生产的第一个系统地理解”。[4] 重农主义信奉自然秩序，是继重商主义后诞生于法国的具有重要影响力的经济学流派，虽然重农主义者仅将农业视作生产的观点有失偏颇，然而他们强调生产而不是交换才是财富源泉的观点对后世具有开创意义。同时，他们重视农业生产，尤其是先进技术的应用，这一倾向对现代发展经济学理论影响至深。而由于他们对工业、贸易等领域的轻视，政府在经济领域的作用无形中也被缩小了，个人的财产权利和经济自由则受到重视，从而“误打误撞”的形成了限制政府干预的思想源头。我们研究治理理论，破除政府万能的迷信，寻求国家治理在经济社会发展中的准确位置，那么重新审视重农主义理论中有关政府作用与限制政府管制对经济发展产生影响的原意将是必要的。

劳动分工是发展经济学的基本理念，形成了现代经济发展的自主性、专业性、协调性。继重农主义以后，亚当·斯密成为了发展经济学的集大成者，出

---

〔1〕 [英]罗杰·E. 巴克豪斯:《西方经济学史》，莫竹芩、袁野译，海南出版社、三环出版社 2007 年版，第 8 页。

〔2〕 [美]迈克尔 P. 托达罗、斯蒂芬 C. 史密斯:《发展经济学》(第 11 版)，聂巧萍等译，机械工业出版社 2014 年版，第 10 页。

〔3〕 《马克思恩格斯全集》(第 25 卷)，人民出版社 1972 年版，第 376 页。

〔4〕 《马克思恩格斯全集》(第 24 卷)，人民出版社 1972 年版，第 399 页。

版于 1776 年的著作《国富论》被认为使经济学成为一门独立的学科，同时也是第一部关注经济发展的论著。在对重商主义与重农主义进行批判吸收后，亚当·斯密重视劳动分工在生产中的作用，在开篇即指出“劳动生产力上最大的增进，以及运用劳动时所表现的更大的熟练、技巧和判断力，似乎都是分工的结果”。[1] 并以劳动分工的激励作用为起点，从多个层面如资本积累、工资水平等论述促进劳动生产率提高的原理和方式，进而提出了一套完整且独立的增进国民财富的理论体系。劳动分工的自主性通过自由市场“这只看不见的手”(invisible hand)的调节发挥出来；劳动分工的专业性则是其本质要求，只有经受了“专门训练”，才能具备从事一项工作的能力，并于专门性中体现出效率；劳动分工的协调性则在于分工中的利益因素，人们相互间的利己主义冲突使每个人为实现自身利益而必须顾及他人的正当利益，这是形成社会利益的基础，而整体利益的实现反过来又有赖于个体间分工的相互配合。分工理论的伟大发现奠定了以经济增长与发展为基础、将经济看作一个整体的发展经济学理论，是对分工理论的进一步升华，使社会分工、国际合作、跨国公司等亦得以实现，让世界整体而不囿于国别的经济发展成为可能。

社会制度是推动或限制发展中国家经济发展的重要因素。发展经济学作为一门新兴学科则具有另一层含义，以发展经济学创始人张培刚所著《农业与工业化》为标志，发展经济学中的“发展”突出了发展中国家的特殊性。尽管对经济的发展是全世界所有国家的共同愿望，第二次世界大战后的发展中国家与发达国家却遇到了不同的现实状况：两种类型国家的工业化完成程度差距悬殊在十分悬殊的差距。这就形成了“以发达国家为对象的经济增长理论和以发展中国家为对象的发展理论”[2] 的差异。以发展中国家为对象的发展理论，面临的首要问题是工业化，工业化为现代化提供物质基础，现代化是现代经济的发展方向，只有以工业社会为前提，才可能实现现代化与经济的繁荣。张培刚将发动并定型工业化过程最重要的因素总结为：人口、资源或物力、社会制度、生产技术、企业创新管理才能。[3] 并认为企业创新管理才能与

---

[1] [英]亚当·斯密：《国民财富的性质和原因的研究》，郭大力、王亚南译，商务印书馆 1983 年版，第 5 页。

[2] 叶静怡：《发展经济学》，北京大学出版社 2003 年版，第 15 页。

[3] 张培刚：《农业与工业化：农业国工业化问题初探》(上卷)，华中科技大学出版社 2002 年版，第 75 ~ 78 页。

生产技术是相对发动因素,资源与人口是相对限制因素,其中社会制度则是给定的,并对其他因素而言,它既是发动因素,又是限制因素。假设是经济学分析问题的基本方法,起到简化分析对象的目的,张培刚自己也指出,给定的社会制度仅具有方法学的意义,将包括法律制度在内的社会制度假设为是给定的,另外四种因素的区分将更为明晰,因为社会制度因素的变化加入到分析模型不仅会对其他四种因素产生直接影响,还会令四种因素相互之间产生影响。广泛存在的以凯恩斯为代表的市场失灵理论与以布坎南为代表的政府失灵理论[1]说明了前者,其他新制度学派的诸多理论[2]则说明了后一种相互影响。

但就社会制度在实现中能否假设为是给定的这一问题,发展经济学的早期理论事实上建立在现实中假设社会制度给定的尝试,即现代化理论提出的模仿的经济发展方式。这一理论认为,发达国家是发展中国家经济发展的榜样,因而发展中国家通过对西方模式的模仿就能实现现代化,然而随着理论研究以及部分非西方发展中国家实践的开展,基于传统社会与现代社会二元对立的社会发展道路不仅难以实现经济的发展,且带来了新的发展困境。现代发展经济学主要的几大理论体系,包括早期的现代化理论、结构主义理论以及20世纪60年代后以批判前者而相继出现的依附理论和世界体系理论事实上都肯定了发达国家与发展中国家的差异,现代化理论试图依赖模仿的方式宣告失败后,其他的理论都更为强调发展中国家的工业化与几个世纪前发达国家的工业化在发展轨迹上的差异,发达国家对发展中国家经济发展的某些抑制作用被凸显出来。结构主义主张国家干预的重要性以及致力于发展的均衡机制地探索,依附理论与世界体系理论更是呼吁从根本的政治变革中主导经

---

〔1〕 See James M. Buchanan and Gordon Tullock, *The Calculus of Consent*: *Logical Foundations and Constitutional Democracy*, Ann Arbor, University of Michigan Press, 1962; Geoffrey Brennan and James M. Buchanan, *The Reason of Rules*: *Constitutional Political Economy*, New York, Cambridge University Press, 2008; Mancur Olson, *The Logic of Collective Action*, Cambridge, Harvard University Press, 1965; Richard Musgrave. "The Voluntary Exchange Theory of Public Economy." Quarterly Journal of Economics LIII, 1939, pp. 213 – 237.

〔2〕 See J. K. Galbraith, *The New Industrial State*, Boston, Houghton-Mifflin, 1967. K. E. Boulding, "The Economics of Knowledge and the Knowledge of Economics", American Economic Review 58, 1966, pp. 1 – 13; Yoram. Barzel, "Measurement Cost and the Organization of Market", *Journal of Law and Economics* 25, 1982, pp. 27 – 48; Oliver E. Williamson, "The Elasticity of the Marginal Efficiency Function: Comment", *American Economic Review* 52, 1962, pp. 1099 – 1103.

济的发展,强调了现代化与西方化的差异性,标志着社会性因素而非单纯的经济因素的本体地位。

(二)社会发展释义

社会发展概念与经济发展有着紧密的联系,正如对经济发展会存有多种理解,社会发展概念相应也存有多重含义。就社会发展概念的范围而言,根据对社会外延的不同理解就出现了大社会、中社会、小社会三个层面。最广义的社会发展包括政治、经济、文化等多维度的综合发展,此时的社会与自然对应。马克斯·韦伯就指出,社会学"是一门解释性地理解社会行动并对其进程与结果进行因果说明的科学",[1]并以社会学概念体系来解释诸如经济行动、效用、市场等传统经济理论概念。作为中义的社会发展是与经济增长对立,与经济发展则既有重合又各有侧重。一种区分经济增长与经济发展的说法是"'经济发展'不仅包括可量化因素的数量扩张,而且包括支配经济运行的制度、组织和文化等非量化因素变化的过程"。[2] 与之相对应,社会发展则主要研究包括社会制度、社会结构和文化等非量化因素,兼及与社会发展相关性的"经济增长"问题。黑格尔的社会概念就代表了与经济某种程度上的对立,并强调了非经济因素的积极干预。狭义的社会发展则回归为严格的学科研究,从社会行动、社会秩序、社会组织等角度考量正向的社会变迁,与经济、文化、政治等形成了有联系确又各自独立的研究系统。

在时间域与空间域中,发展社会学的含义也有所不同,形成了与发展经济学共同的认识基础。即当将社会发展理解为一种正向的社会变迁,则社会学就是发展社会学,[3]亦可具体限定为以 18 世纪西方国家为开端的从农业社

[1] [德]马克斯·韦伯:《经济与社会》(第2卷上册),阎克文译,上海人民出版社2010年版,第92页。

[2] [日]速水佑次郎、神门善久:《发展经济学——从贫困到富裕》(第3版),李周译,社会科学文献出版社2009年版,导论第3页。

[3] 安德鲁·韦伯斯特指出,从卡尔·马克思、马克斯·韦伯等开始,"经典社会学研究与社会'发展'研究已经有了某种直接联系。"刘祖云教授指出"社会发展是社会学乃至整个社会科学的一个基本概念或范畴"。当然亦有学者认为"发展社会学仅是社会学的分支,研究集中在发展领域而非一般的社会现象和社会过程"。参见[英]安德鲁·韦伯斯特:《发展社会学》,陈一筠译,华夏出版社1987年版,第2页;刘祖云:《发展社会学》,高等教育出版社2006年版,第3页;李亚雄主编:《发展社会学》,华中科技大学出版社2008年版,第7页。

会迈向工业社会的现代化历程。而从经济角度对现代国家所作划分来看,发展社会学的研究对象又可表述为20世纪40年代后发展中国家实现社会现代化的理论与实践进程。发展中国家的经济发展同时面临着两方面的压力:一是经济增长“瓶颈”;二是“经济有增长,社会无发展”。并且这两个问题往往是联系在一起,譬如,长时期的社会无发展势必会导致经济的零增长或负增长,过于集中单一的经济增长模式恰好能说明这种关系的反向作用。

社会发展与经济发展的联系还体现为:社会发展推动和保障经济发展,经济发展体现于社会发展之中。其一,推动力作用于经济发展领域。良好的经济环境求诸于非经济因素的积极干预,这是经济发展亦可说是经济增长的需要。因历史与现实原因造成的发展中国家在经济贸易中的弱势地位不可能寄希望于经济规律的自我摆脱,事实证明全球经济结构长期的不平衡性以及国际政治秩序和法律秩序的非民主性都已超出了经济的及时调控能力,这种不利地位在现实中的逐步恶化需要非经济因素发生作用,例如,著名发展经济学家普雷维什基于其“中心——外围”理论就提出了“建立一种以平等和公正为基础的新的世界经济格局”[1]的诉求。其二,保障效能作用于经济自身。市场失灵理论一再提示人们非市场制度的重要性,发展中国家面临的困扰往往在于非市场制度有时非但不能改善反而是加剧了市场低效率问题,这一状况又可以从两方面来理解,一是政府作用的不适当,或是放任了市场本不可调整的领域,或是在本可以由市场来调节的领域设置了过多的制度性障碍;二是社会与政府的负面效应,譬如,社会成员的不诚信交易行为以及政府的非法寻租行为。其三,变化作用于社会而使经济发展得以体现。熊彼特指出没有经济内部的变化(如自然环境、战争、消费者偏好等)就没有发展,单纯的人口与财富增长仅具有数据意义,并不是发展过程,“我们不能从经济方面来解释经济发展这种现象,而经济——在其本身内部没有发展——是根据周围世界的变化而变化,我们必须到经济理论所描述的事实之外去寻找发展的原因以及对此进行的解释”。[2] 具体而言,经济内部的变化出自经济理论所描述的事实之外,构成了经济发展的原因。变化首先反映为一系列社会问题,经济在解决

---

[1] 张琢:《国外发展理论研究》,人民出版社1992年版,第65页。

[2] [美]熊彼特:《经济发展理论——创新是资本积累、个人致富之源》,孔伟艳等译,北京出版社2008年版,第38页。

社会问题,或至少使变化引起的社会问题在经济上有某种程度的好转,才能称为经济的发展,此时,社会的发展表明了经济的发展。

因而本书采用的是一个广义的社会发展概念,经济因素将以重要的地位寓于发展之中,发展本身则被视为一个囊括经济、文化、政治等诸多因素的社会发展过程。“发展必须被视为一个多维过程,该过程中包括社会结构、普遍观念和国家制度的主要变化,以及加速经济增长、降低不平等程度和消除贫困。从其本质上来说,发展必须再现全方位的变迁,通过变迁,整个社会体系才能转而满足其体系内部所有个体和社会组织的各种基本需求和希望,远离人们普遍认识下不满意的生活状况,走向在物质和精神方面都更加令人满意的生活状态或生活条件。”[1]本书使用的广义的社会发展概念还表明:

(1)社会发展是一个复杂的综合体。其复杂性不仅在于其所涉内容的复杂,还包括研究视角与方法的复杂,如从文化的视角研究社会组织[2],或结合经济理论模型而产生的理性行动理论来研究。[3] 本书则将研究范围限缩到普遍观念和制度层面,具体而言则是通过法治、人权与良法的理念与制度来展现社会的发展。

(2)社会发展“必须再现全方位的社会变迁”。广义的社会变迁泛指一切社会现象的变化,以社会现象作区分,社会变迁的内容至少包括自然环境引起的社会变迁、经济变迁、文化变迁、人口变迁、社会结构变迁、社会观念变迁等多个方面,而发展则表现为正向意义的变化。人类社会是一个开放的系统,变化是人类社会的永恒规律,这也构成了本书的一个主题,即通过勾勒法治、人权的历史变化框架来展现法治、人权的发展,并在适应社会的变化中展望良法的发展方向。

(3)社会发展最终回归到人的发展。社会发展与人的发展往往可以表述为发展的两个面向,人的社会属性表明了社会发展对人的发展的重要性,然而社会发展的价值不能体现于社会,而必须体现于人,无论对一个社会类型还是

---

[1] [美]迈克尔 P. 托达罗、斯蒂芬 C. 史密斯:《发展经济学》(第 11 版),捏巧萍等译,机械工业出版社 2014 年版,第 11 页。

[2] 参见[英]马凌诺斯基:《文化论》,费孝通译,华夏出版社 2002 年版,第 1 ~ 107 页。

[3] See J. S. Coleman, *The Introduction to Mathematical Sociology*. Free Press, 1964, pp. 1 – 21; J. S. Coleman, *Foundation of Social Theory. Cambridge*, Belknap Press of Harvard University Press, 1990, p. 15.

社会规范做褒义或贬义的评价，最终都是以人为评价的出发点。因此本书认为，如果将良法解释为一种正向的制度变迁，那么评判良法的最终依据必然关涉制度及体现于制度中的理念是否有利于人的发展。

（三）人的发展释义

人的发展是一切发展的根本目的，与之相较，任何其他门类的发展只能是相对的目标。从重商主义经济学派开始，经济发展一度等同于贸易增加或经济增长，而直到“人均”概念的引入才实质上将经济发展与经济增长区分开。“人均”概念的副产品是政治发展的崛起，“经济增长的怪圈”是畸形的经济增长不仅不利于经济的再增长，一定程度上限制了生产力的发展，同时会使社会的不平等更为凸显，这又容易引起非经济因素对经济发展的限制。现代的高福利政策是政治发展的一种模式，然而我们会发现，高福利政策并非是一项可供选择的政策，毋宁说它是一项大多数发展中国家所不具有的经济能力。并且还不止于福利政策，即便是再分配，也需要以一定的物质繁荣与经济发展为基础，以遵循经济发展规律为前提。“实质上，再分配是一种纠正性战略，其目的在于使追求增长较少造成社会不稳。”〔1〕因而中义的社会发展可以作为经济发展的目的，广义的社会发展是经济发展的充分条件。但并不表明社会发展是发展的终极目的，与社会发展相比，人的发展才具有根本性、持续性。“人文发展的概念不是从任何预订模式开始的。它从社会的长远目标得到启示。它使发展围绕人的中心，而不是使人围绕发展的中心。”〔2〕

联合国教科文组织在总结20世纪以来人类社会所遭受的不幸与取得的进步时，鲜明地提出了发展是以人为核心的概念，是为了一切人的发展和人的全面发展。这一提法符合马克思主义经典理论对人的解读，事实上，以历史唯物主义为基础，马克思主义关于人的发展理念还揭示了社会生活的实践本质和人的社会本质，即从人的本质来论证人的发展。通过批判旧唯物主义仅从客观形式或直观形式理解人的活动，马克思提出要从主体方面以实践去理解人的活动，进而提出“人的本质并不是单个人所固有的抽象物，在其现实性上，

---

〔1〕［美］德尼·古莱：《发展伦理学》，高铦译，社会科学出版社2003年版，第104页。

〔2〕同上书，第43页。

它是一切社会关系的总和”。[1] 而在其后的《德意志意识形态》一书中,经典作家不仅首次提出了“人的全面发展”这一概念,并以分工为例剖析了人的发展对社会发展的决定性。一方面,马克思肯定了分工对社会发展的积极作用,认为分工是生产力与社会发展水平与程度的表现;另一方面也指出了分工对人的消极影响,“就个人自身来考察个人,个人就是受分工支配的,分工使他变成片面的人,使他畸形发展,使他受到限制”。[2] 由于分工对人的束缚最终是由生产力和生产关系的发展水平所决定,所以实现人的全面发展根本上是解放生产力和生产关系,就是要“消灭分工”,“消灭分工”并不是消灭分工本身,而是为了消灭旧的社会分工对人的发展的消极影响。因而通过无产阶级革命实现共产主义理想本身,就是为人的全面发展创造条件,生产力与社会发展是人类实践活动的结果,人才是社会存在和发展的根本目的,“人并不是抽象的蛰居于世界之外的存在物。人就是人的世界,就是国家,社会”。[3] 社会发展程度最终也只能通过人的发展程度来衡量,这也是社会主义制度相较于资本主义制度的优越性。关于为了一切人的发展和人的全面发展,《共产党宣言》提出的“每个人的自由发展是一切人自由发展的条件”[4] 则回答了问题的前半部分,即对自由发展的个人不做任何群体的、地域的、层次的划分,同时个人也绝不会被抹杀于“一切人”之中,社会主义法律与制度应当要体现出对个人的更具普遍性与公平性的尊重,重视每一个社会个体及其利益,这是中国特色社会主义发展理念的核心。

人的发展是发展的原始动力,以不破坏人类合法秩序为动力控制器基准。康德较早地从人类整体层面对人与社会的关系进行了辨析,他指出“大自然使人类的全部禀赋得以发展所采用的手段就是人类在社会中的对抗性”。[5] 人与社会的差异体现为人的非社会性,人同时具有社会化与“单独化”的倾向,皆是人性之使然。前者构成了人类克服社会阻力趋同协作的基础;后者则表现为对其他社会成员的阻力作用,促使人类克服自身的种种弊端而推动文化、人类的社会价值乃至人类与人类社会的发展。现代心理学则从个体层面呈现了

[1] 《马克思恩格斯选集》(第 1 卷),人民出版社 1995 年版,第 56 页。
[2] 《马克思恩格斯全集》(第 3 卷),人民出版社 1960 年版,第 614 页。
[3] 《马克思恩格斯选集》(第 1 卷),人民出版社 1995 年版,第 1 页。
[4] 同上书,第 294 页。
[5] [德]康德:《历史理性批判文集》,何兆武译,商务印书馆 1990 年版,第 6 页。

人格的发展,其所称人格的发展可看作康德所指社会化与“单独化”的另一种表达,并更为强调了后者。人格与人性的特异之处在于人格蕴含的社会功能,就个体而言,人格的发展意味着人的整个生命的全部,“所有人类的最终目标和最大愿望就是让生活中被称为人格的那个品质得到发展”。〔1〕尽管心理学家们对个人人格的发展何时真正开始、如何进行以及发展方向等问题始终存有争议,社会化或说教育对健全人格的形成是不容否定的。然而,人并不是标准化、批量生产的,人格的发展不单意味着克服性格的孤僻、怪异和变态,它还在于尊重每个个体之间的差异,不使政治、道德、法律等社会因素囚禁个人人格。个人人格的获得在于遵从自己的内心法则,“人格即是道”,人格的发展即是道法自然。正如心理学家荣格(Carl Gustav Jung)所说,“有创造性的生活总是敢于超越常规惯例”,但它同时又是“带有破坏力的创造性能量”。为了使创造性增强而破坏力减弱,个人人格与集体必然需要调和,调和的一个前提条件则在于,“首先,他是人类整体的一分子,而且和其他人一样都受到集体力量的控制”。〔2〕这实际又与康德从人类整体层面论述人的发展相契合,人类在社会中的对抗性(亦可说是对人类非社会性的克服)“仅以这种对抗性终将成为人类合法秩序的原因为限”,〔3〕而在合法的秩序内,出于人和人类社会发展的需要,作为非社会性的人性本身不仅应当被宽容,甚至应当被积极地激发,“永远沉睡”的自然禀赋消磨人的创造力的同时,也将使社会活力荡然无存,“和而不同”的治理理念是人的发展的理想状态,但绝不是消灭冲突。

人的自由发展是发展的最高价值追求,社会发展的目标是实现“自由的人”。文艺复兴启迪了西方国家人们对自身的关注,彼特拉克诗中对人性的赞美以及薄伽丘主张的“幸福在人间”,使人们确信了人的价值与地位,塑造完美的人成为文艺复兴时期抵抗神学压迫解放人性的响亮口号。所谓完美的人就在于“求得他们的精神生活和物质生活的和谐发展”,并且“当这种对于最高的个人发展的推动力量和一种坚强有力、丰富多彩并已掌握当时一切文化要素的特性结合起来时,于是就产生了意大利所独有的‘多才多艺的人’——

〔1〕[瑞士]卡尔·古斯塔夫·荣格:《人格的发展》,载《荣格文集》(第8卷),陈俊松等译,国际文化出版公司2011年版,第163页。

〔2〕同上书,第173页。

〔3〕[德]康德:《历史理性批判文集》,何兆武译,商务印书馆1990年版,第6页。

'I' uomo universal'（全才）"。[1] 达·芬奇、马基雅维利、米开朗基罗等人文巨匠们的学术与艺术成就反映了这样一种"完美的人"的发展理念。马克思主义经典作家对文艺复兴时期的"巨人"们给予了极高的赞赏，有关人的全面发展理论亦受其深刻影响。在马克思主义经典作家看来，人的自由发展与人的全面发展具有同样的意蕴，而共产主义者的目的一定程度上来说，就是"把社会组织成这样：使社会的每一个成员都能完全自由地发展和发挥他的全部才能和力量，并且不会因此而危及这个社会的基本条件"。[2] 可以说，人的自由发展就是人与人、人与社会相协调的全面发展，是人类能力的发展，并最终实现一个"完整的人"。而从微观层面来看，人的自由（全面）发展亦存在一种整体的解读。人本主义心理学家们从人的活动来看待人的发展，"他们采取整体观（holistic approach），即从整体上来看待人类，每一个远非生理、社会和心理成分的组合体"。[3] 人的自我控制、自我实现以及创造力都构成挖掘自身潜能、扩展人的自由的理由，在人本主义学者看来，人的自由（全面）发展代表了人的发展的最高价值。[4]

以自由作为发展的最高价值，一方面表明了人的发展的价值优越性，另一方面则强调了社会发展促进自由的目的性和工具理性。社会发展促进自由的目的性寓于人的发展之中，这是人的发展作为社会发展的目的来实现的。社会发展作为自由的工具理性则反映于社会发展对自由的重视。"至少有两个显著理由表明了自由是有价值的。首先，更多的自由赋予我们更多的的机会以实现我们重视并有理由重视的这些事物。""其次，在评价自由时达成目标的过程也是具有重要意义的。"[5] 简言之，阿玛蒂亚·森概括出了自由的两个方面：机会和过程。机会代表了实现目标的能力，即人在生活中可以有更多且更

---

[1] [瑞士]雅各布·布克哈特：《意大利文艺复兴时期的文化》，商务印书馆1983年版，第130～131页。

[2] 《马克思恩格斯全集》（第42卷），人民出版社1979年版，第373页。

[3] [美]詹姆斯·W.范德赞登等：《人类发展》，俞国良等译，中国人民大学出版社2011年版，第51页。

[4] 著名心理学家马斯洛（Maslow）的需要层次理论将人的需要划分为基本需要、心理需要和自我实现的需要，而其中实现独一无二的潜能的需要属于自我实现的需要，居于人的需要的最高层次。

[5] Amartya Sen, *Rationality and Freedom*, Cambridge & London, Harvard University Press, 2004, p.585.

好的选择;过程本身则是实现自由的重要条件,譬如认为民主选举的过程就是实现自由。在法学领域,完全关注自由的"机会方面"可以从社会法学派倡导的"社会实效"中找到其理论根源,完全关注自由的"过程方面"可以从自由主义法学派尤其是哈耶克所区分的"自发生成的秩序"(spontaneous order)与"组织建构的秩序"中体现。以上两个学派虽然各有侧重,但也并不"完全",尤其当我们在探讨程序而将结果撇开时,本身是令人匪夷所思的,因此哈耶克也必然要比较两种秩序可能导致的实在后果(不是秩序本身,而是不同秩序体现的能力),这实质上说明了"机会"与"过程"的依赖性。社会发展也只有结合了自由的"机会方面"与"过程方面",才能代表完全的工具理性。此外,无论我们在上两种理论中对社会制度作何种程度的解读,它既会体现为自由的一个方面来衡量自由,又会作为促进自由的某种适宜手段来衡量制度推进发展的有效性,因而不论就目的性还是工具理性而言,"发展是扩展人类自由的过程,对发展的评价必须依据这一考量"。[1]

三、良法生成的内驱机理

(一)法治发展:自身发展与促进社会发展

本书所探讨的法治发展包括了两个方面,即法治自身的发展与通过法治发展促进社会发展。正如前文所交代的那样,本书采用了一个广义的社会发展理念,在这一发展理念下,本书将主要探讨适应于我国社会发展的法治理念与法律制度的发展,突出发展中国家与发达国家之间法治发展在社会发展目标上的趋同性而非经济发展现状上的差异性。其根本立场是作为发展中国家的中国法治建设并非以西方国家成功的法治建设为模版,而是基于一种探求真理的信念(发达国家在某种程度上的成功并不代表了法治真理),出发点是满足人民在物质和精神方面的需求和愿望。这不得不说是受到了发展经济学与发展社会学中现代化理论、依附理论和世界体系理论的影响和启发,经济发展不能不考虑发展中国家自身的窘迫处境,因而作为经济上层建筑的法治建设,更不能盲目的因袭与模仿。但本书又将抛弃以上理论的某些立场,这是因为法治较经济现象更为复杂,如英国、美国、德国、法国等每一个发达国家都有

---

[1] Amartya Sen, *Development as Freedom*, New York, Alfred A. Knopf, INC, 2004, p. 27.

其迥异的标志性法治化特征,发展中国家的法治化道路也必然同样呈现出较大差异,如被视为最具发展前景的中、印两国,在政治制度、教育体制、基础医疗体制等之中,都显现了较大的差异。[1] 而两类国家(发达国家与发展中国家)间的经济对垒无非只是形成这些差异的某一方面原因,甚至很难界定为根本或重要原因。同样,我们也没有任何理由树立起诸如中西文化、地理风俗差异等社会壁垒。

法治无外乎理念与制度,然而法治理念与制度并不是孤立的,从属性上来讲,它隶属于社会理念与社会制度,现代法治发展越来越受到重视,这与法治所承载的经济责任密不可分。经济活动的整体包括竞争、交换与合作,事实上也是法治所惯常涉足的领域,通过法治促进社会发展,就经济领域而言,至少包含了四层含义。"保障私有财产神圣不可侵犯"一度被视作西方国家法治理念的基石,1215 年英国的封建贵族联盟在与英王约翰的权力角逐中占得了先机并迫使英王签署了限制封建君主权力的《大宪章》,这份代表英国法治理念开端的详尽产权清单中,不仅是封建贵族的权益,骑士乃至商人等平民大众也都得以体现。而从理论上论证私有财产合理性则起源更早,圣奥古斯丁把私有财产当作一种自然状态的观念流传甚广,阿奎那亦将其看作符合自然法的理性产物。资产阶级革命时期的启蒙思想家们则将保障私有财产视作维护个人理性的象征,自由的市场理论也正是在这种崇尚自由理性的氛围中应运而生。侵犯私有财产的最大威胁来自公权力的不当行使,限制公权力的理念不仅仅在政治与法律领域被牢固树立,亚当・斯密所描述的那只"看不见的手"也表明了经济领域对限制公权力滥用的基本立场,国家的经济触手被严格限定在了警察职能中。确立市场经济的首要条件就在于明晰产权、保障自由贸易与限制公权力,这是法治确立竞争的第一层含义。

工业革命以后西方国家经济在蓬勃发展的同时,却也迎来了一次又一次的经济危机,马克思主义经典作家虽然早已指明了资本主义经济危机的根本原因在于资本主义制度本身,是资本主义的基本矛盾——生产的社会化与资本主义私人占有形式之间的矛盾发展的必然结果,然而西方国家基于实践的探索还是在一定程度上缓和了这一矛盾,那就是国家权力面对"市场失灵"时

---

〔1〕 See Amartya Sen, *Development as Freedom*, New York, Alfred A. Knopf, INC, 2004, pp. 41 - 43.

所采取的适度干预政策。这一措施催生了一个法律部门的兴起——经济法学。事实上,早期的经济学理论即重商主义就强调了政府通过管制农业、商业和制造业以增进贸易的发展,凯恩斯主义则将国家的宏观调控作用推向了又一个高潮。经济法承认市场经济与秩序而否认市场的支配地位,市场异化导致的对自由竞争的限制和对公平竞争的妨害有赖于国家依据法律进行校正,现代竞争原理取代传统自由竞争原理成为这一部门法律的基础核心,[1]这是法治维护竞争的第二层含义。

科斯定理将机会成本的经济学概念引入了对权利的分析,[2]并开启了经济学理论与方法全面应用于法律制度的各个层面和领域,不仅包含传统的经济法与民法中的合同法理论,还包括宪法、刑法、诉讼法以及民法中的侵权法等领域。交易成本问题成为了产权与责任分配的一项重要考量因素,政府的"经济职能"如通过谈判来控制和降低交易成本在权力运行中受到重视,[3]与此同时,在更广泛的交易中,"'利益互惠'成为了一项尚未定义的法律术语。"[4]交换(交易)的理念从有关法律的经济行为融入到法律行为本身,这是法治扩大交换的第三层含义。

法治实现合作的第四层含义,在于对普遍性与持久性的经济发展的不懈追求。联合国官方网站将联合国与法治的关系定义为"促进国家和国际各级法治是联合国使命的核心。建立对法治的尊重是冲突后实现持久和平、有效保护人权以及持续的经济进步和发展的根本所在"。[5] 即表明法治对持续的

[1] 一个与之相类似的经济法概念包括:(1)"经济法是调整公共经济管理关系、维护公平竞争关系、组织管理性的流转和协作关系的法部门。"史际春:《经济法》,中国人民大学出版社2005年版,第24页。(2)"国家对'市场支配'(包含限制自由竞争和阻碍公平竞争)行为进行规制的法律,并以现代竞争原理(公平自由的竞争原理)作为法律的基础核心,除规制'市场失灵'的法律和其他从国民经济的观点以及'消费者利益最大化'观点能够以某种合理的理由说明以外,经济法与其他有关市场秩序的经济法,都从否认市场支配的角度主张有必要将经济政策立法进行综合体系化。"[日]丹宗昭信、伊从宽:《经济法总论》,[日]吉田庆子译,中国法制出版社2010年版,第1页。

[2] Ronald H. Coase, "The Problem of Social Cost", *J. Law & Econ* 3, 1960, pp. 1 – 44.

[3] Shereen M. Marcus, Efficiency in Exchange, "An Economic Analysis of Acquisition by Negotiation", *Pub. Cont. L. J.* 32, 2002 – 2003, pp. 659 – 676.

[4] William W. Wade, Robert L. Bunting, "Average Reciprocity of Advantage: Magic Words or Economic Reality-Lessons from Palazzolo", *Urb. Law* 39, 2007, p. 319.

[5] 资料来源:http://www.un.org/zh/ruleoflaw/,最后访问日期:2018年4月20日。

经济发展的重要作用。经济理论在促进交易双方的合作上贡献卓著，然而扩展到一个更广泛的领域，经济理论则并不能总是奏效。例如，为满足洁净空气的需求而产生的交易则很难以经济理论来实现交易的履行，因为它牵涉到了一个更广泛的利益群体；转而寻求一种责任的强制性规制，如对空气污染的主体实施法律制裁，尤其在国际层面，事实证明也是很难行得通的，这涉及一个更为复杂的权利、发展与权益问题。就目前来说，法治保障的合作是一项切实有效的可行方案，可持续发展“致力于融合环境保护、经济福利与社会正义”，[1]无论就国内还是国际领域，事实上都已经超出了经济合作范畴，而需要广泛意义的“法治合作”，这对经济发展的后续意义显而易见。

以上四点从不同的方面阐释了通过法治发展促进社会发展的实现，而本书将法治自身的发展作为研究的一个侧重点，其意义毋宁体现为“要实现社会和国家的发展，应该建立一个合适的政治体制，这种政治体制应该是居于本土国情的、被广泛接受的，同时能够不断修正其政府结构及控制该政体的人员”。[2]

（二）人权发展：生存权、发展权与人的自由发展

以人权发展作为发展的核心，从两个方面起到了决定性作用。

其一，人权的权利属性体现了对人的发展的保障，人的发展则是发展的根本目的、动力源泉和最高价值（后一方面在前文已予以说明）。以经济发展带动社会发展，以社会的发展为人的发展提供条件，虽然解释了应然的发展轨迹，然而我们会发现，这两段过程进展得并不顺利，甚至在某些历史阶段出现了倒退，譬如，古罗马从共和时期发展到帝国时期，又从古罗马的帝国时期演化为欧洲的中世纪。历史的巨轮一再出现偏差，表明发展必须要借助于经济规律以外的力量。

把经济的增长和发展看作人的发展或者发展本身是一种本末倒置的理论。女哲学家阿伦特指出，“财富与经济的健康发展，乃是自由的果实”，经济

---

〔1〕 J. William Futrell, “Defining Sustainable Development Law”, *Natural Resources & Environment* 19, 2004, p. 9.

〔2〕 [美]P. 艾伯·邦茨 - 辛普森：《第三世界的法律与发展》，洪范翻译小组译，法律出版社 2006 年版，第 6 页。

增长“并非在任何情况下都带来自由或证明自由的存在”。[1] 阿伦特的两段话从三个方面表达了她对自由的看法:(1)资本主义的个人自由和政治自由并不是经济增长的根本原因。以美国为例,阿伦特指出,如果缺乏丰富的自然资源,以上动机同样是招致贫困与不幸的理由,因此,阿伦特情愿将原因归结为“温和政府”与美国的“地大物博”。(2)真正的政治自由高于自由的事业——经济的增长与繁荣。真正的政治自由如言论自由、集会结社自由等之所以在价值上高于经济发展乃在于民主的保障性力量与建设性作用,政治和社会参与使人民的呼声得以显现,人民的需要充分表达与被关注,更为直接而重要的作用还在于,没有政治自由的保障,经济增长终可能演变为一场灾难。(3)人民是正当政治权力的源泉,正当政治权利是培育经济果实的优良土壤。正当政治权力首先区别于个人权利与特权,公共利益而非私人利益是正当权力的存在前提,这是一项公认的原则,那些以公共利益的名义维护私人利益的权力行使者往往被视为权力的窃贼。此外,政治权力不能等同于暴力,一切权力来自人民并不表明政治权力的任意行使,“只有这种以互利性和交互性为基石建立起的权力,才是真正的权力,才是正当性的”,[2] 且经济发展只有以正当权力的互利性和交互性为土壤孕育出的果实,才是一种对社会不致产生毒害的果实。最后,维持人民正当性政治权力稳定性的是建立共和国以及一个“法治而非人治”的政府,人民至下而上将权威性授予法律,并由法律自上而下制约人民的恣意与暴力。

其二,发展的三个基本要素或者说核心价值体现了人权的价值更替与追求,这三个基本要素包括了最大限度的实现人的生存、尊严和自由的指向,以个人自由为起点并归于实现一切人的发展和人的自由发展。仅以自由与发展相结合是符合物种进化理论的,它强调了适者生存的自然法则。与之相对应的是,主张人的自由以及人的经济生活自由不受束缚的古典主义自由学说,被恩格斯称为“第一个近代唯物主义者”的思想家霍布斯就指出“自由一词就其本义说来,指的是没有阻碍的状况”。[3] 而霍布斯所谓的阻碍,不仅包括了“无理性与无生命的造物”,还指涉了“有理性的造物”,人对人的关系被形容

---

〔1〕 Hannah Arendt, *On Revolution*, New York, Viking Press, 1963, pp. 217 – 218.

〔2〕 Ibid., p. 181.

〔3〕 [英]霍布斯:《利维坦》,黎思复、黎廷弼译,商务印书馆 1985 年版,第 162 页。

成“彻头彻尾的狼性”。[1] 霍布斯将自由分为了天赋自由与公民自由,人类脱离自然状态进入文明社会意味着天赋自由地失去和公民自由地获得,“法无规定即自由”的法律原则直到现代社会还有着深远的影响。个人主义的自由权构成了人权最初的哲学基础,也是以人权体现自由的最直观表达,其内容包括公民权与政治权利。资产阶级为开辟高度自治的经济领域将国家权力严格的限制在了政治领域,其经济因素的成因则是对生产的重视以及对产权的确立与维护。

直至洛克适度的将人类社会从霍布斯主张的充满敌意的、暴力的自然状态修改为充满和平的、友善的自然状态,人的天赋自由才被用来确证为社会互助的思想源头。它贯穿了一种理性思想即“人类既然都是平等和独立的,任何人就不得侵害他人的生命、健康、自由或财产”。[2] 与天赋自由相区别的社会自由也就意味着通过以法律对非理性的强制与束缚实现理性的伸张,法律以限制自由来保障自由。因此,尽管洛克所提出的法律之下的社会自由与霍布斯主张的公民自由在内容上并没有太大区别,然而其对人的生命的理解无疑开启了人权发展的序幕,正如马克思、恩格斯所指出:“自由思想正是从英国输入法国的。洛克是这种自由思想的始祖。”[3] 自此,对生存的保障与对自由财产的保障一起同等的构筑了人权的高墙,无论是美国 1776 年通过的《独立宣言》、法国 1789 年通过的《人权宣言》还是德国 1919 年通过的《魏玛宪法》,[4] 都能同样感受到人的生存以一种鲜活的生命力在闪动,并逐步从自由权中凭借人性与平等挣脱出来,国家的经济作用也因其具备的社会功能重新受到重视。

发展的三个基本要素的意义就在于纠偏以个人主义为基础的自由主义的发展理念。“生计(sustenance)、自尊(self-esteem)、自由(freedom)代表着所有

---

[1] Thomas Hobbes, “De cive”, in Howard Warrender ed., *Philosophicall rudiments concerning government and society*, Oxford, Clarendon Press, 1983, p. 1.

[2] [英]洛克:《政府论》(下篇),叶启芳、瞿菊农译,商务印书馆 1982 年版,第 6 页。

[3] 《马克思恩格斯全集》(第 7 卷),人民出版社 1965 年版,第 249 页。

[4] 日本学者大须贺明认为“生存权在世界上首次受到宪法明文保障的是德国的《魏玛宪法》”,它“明示了生存权是一种靠国家的积极干预来实现人‘像人那样生存’的权利”。这被认为体现了与自由权的根本差异。参见[日]大须贺明:《生存权论》,林浩译,法律出版社 2001 年版,第 3 页。

个体和社会所追求的共同目标。"[1]它意味着脱离了普遍意义上对人的生存,对人像人那样生存的关注,所谓的自由就没有了现实的基础。以个人主义为基础的自由权实质上表明了"经济增长怪圈"的再次复现,少数人的物质生活条件的空前增长剥夺了多数人获得物质生活条件的增长机会,那么少数人的增长也会相应受到限制,甚至起到反向的效果,在国内社会以市场失灵理论为标志,而在国际社会,它表现为发展中国家经济的恶化直接导致了发达国家生产过剩、出口下降以及高失业率的出现。发展应当是个人发展与社会发展的共同推进,人的自由权与社会权的共同获得是人的自由发展的现实基础。以自由看待发展,就是以生存、尊严与自由的融合来实现发展。以此观之,社会权并不是自由权的对立物,而是对自由理念的革新,对自由的复归可作如下表述,"发展需要对那些限制人们自由的主要源头予以清除:贫困以及专制暴政,匮乏的经济机会以及制度化的社会剥夺,公共设施的忽视以及专制国家的不宽容和过度活跃"。[2]

人权发展就是赋予发展的三项基本要素以权利属性,在法律进化中实现人的全面发展。作为经济规律的外在力量,法律的权威性确保了人民正当权力的稳定性,使社会得以培育出有益的经济果实,同时,法律的进化催生了法律的工具理性,法律的工具理性则直接推动了人权的发展。"法律是一种工具,通过它可以寻求在各个维度上推进发展。这里说的法律是指权威的阐述与权利、义务和权益的执行。同样,习俗的演化并进一步明确和固化为关于权利、义务和权益的权威性并得到执行的法律,这一过程即是法律进化的过程。"[3]法律进化源于实践,且于实践中揭示并确立新的法律,它代表了权利、义务和权益从无到有的历程,因而法律进化实际上是一个"发现法律"的过程。法治发展促进社会发展是法律工具理性的体现,"法律的理论和实践包括两类问题,一是关于法律的一般目的即关于正义的概念等问题;一是使这些正义概

[1] [美]迈克尔 P. 托达罗、斯蒂芬 C. 史密斯:《发展经济学》(第 11 版),聂巧萍等译,机械工业出版社 2014 年版,第 14 页。

[2] Amartya Sen, *Development as Freedom*, New York, Alfred A. Knopf, INC, 2004, p. 3.

[3] [美]P. 艾伯·邦茨 - 辛普森:《第三世界的法律与发展》,洪范翻译小组译,法律出版社 2006 年版,第 7 页。

念得以生效的技术问题”。[1] 生存权作为一项基本人权其起点是国内法而非国际法，巧合的是，第一次世界大战催生了生存权在国内法的产生——1919 年的《魏玛宪法》，第二次世界大战则使生存权在国际法中得以首次露面——1945 年《联合国宪章》，由此也确立一切人的发展目标。在国内社会，除《魏玛宪法》以外，它应当还包括了如美国 1933 年的《联邦紧急救急法》(Federal Emergency Relief Act)、1935 年的《社会保障法》(Social Security Act)等。生存权同时体现了人的生存、尊严和自由，但由于生存权只确定生存的最低生活标准，事实上，它主要平衡的是生存与自由问题，人的社会性与互助理性从哲学角度强化了生存权的合理性，对劳动及劳动分工的全新理解则构成了其经济因素的成因。“社会之形成其目的不专在保卫防御，并且使有分工的可能，也是很有用的，而且的确是绝对必须的。如果人不彼此互助，人就没有技能和时间以供应自己生活下去。因为人人并不是一样地长于各种工作。”[2]

然而正如本书所指出的，高福利政策与其说成是可供选择的国家政策，不如说是一种国家能力，国际社会尤其是第二次世界大战后联合国的成立，将国与国之间各方面的差距显露无余，如果没有国际社会对生存权的广泛关注，或许发展权将难以揭示，但这并不表明发展权是对生存权的依附，或如某些西方国家所言发展权只不过表明了发展中国家向现有法律秩序的挑战。发展权产生的环境是国际社会，阿尔及利亚正义与和平委员会 1969 年的报告《不发达国家发展权利》首次提出了“发展权”，并于 1970 年由联合国人权委员会委员凯巴・姆巴耶正式提出，国家经济水平与社会进步等状况的差异始终是发展权的现实基础，正如联合国大会 1986 年颁布的《发展权利宣言》(A/RES/41/128)序言所指出：“发展权是一项不可剥夺的人权，而平等的发展机会是国家以及组成国家的个人所共同拥有的特权(prerogative)。”其中特权的概念而非权利表明了发展权面对的特殊困境，以张培刚为创始人的狭义发展经济学理论解释了发展中国家面对的特殊经济困境：发展中国家的经济发展不得不面对来自发达国家的挑战，原有的国际经济秩序加深了发展中国家所处的劣势地位，政治上的独立自主并不能保证经济上的独立自主，经济关系的附庸则会

---

[1] [美]N. 维纳著：《人有人地用处——控制论和社会》，陈步译，商务印书馆 1989 年版，第 83 页。

[2] [荷]斯宾诺莎：《神学政治论》，温锡增译，商务印书馆 1963 年版，第 81 页。

令经济发展变得风雨飘摇,20世纪60年代至80年代初,诸多发展中国家的经济形势每况愈下。自主性成为了发展经济学、发展伦理学、发展社会学乃至发展政治学的共同认知,它的对应物——尊重"指人们对于自身受到尊重、他人不能违背自身意愿而用以达到其目的的感受"。[1] 人权要正视发展与尊严的关系,发展权必须是一种自主的权利,正如联合国秘书长潘基文在其报告中所指出,"保护和促进法治、人权及民主等普遍价值观,本身就是目标。同时,这些价值观也是一个公正、充满机遇、稳定的世界不可或缺的。除非以尊重人的尊严为坚实基础,任何安全议程和发展行动都不会成功"。[2] 因此本书认为发展权的核心是给予生存、发展与自由同等的价值地位,发达国家与发展中国家的经济对垒是发展权的现实基础,但绝非决定性因素,以自主实现工业化与现代化为发展权的校准机制。从总体上来说,"发展权是人类社会借以实现自身平等、和谐地发展的重要手段,而真正实现发展权又是社会进步与历史发展的归宿"。[3]

(三)良法生成:全方位的正向正式制度变迁

同时,本书探讨的良法生成问题,将会从更宏观的角度表述为一种体现整个社会全方位的正向正式制度变迁。在西方法哲学领域,对良法问题讨论的广泛性不亚于任何其他法律概念,这是因为良法还可能触及到法律概念本身,它不仅是对法的价值评判,在法律漫漫的岁月长河中,它还担负着对法的本质的判断。如果说20世纪中叶以前"恶法亦法"(unjust law is still law)与"恶法非法"(*Lex injusta non est lex*)[4]还只是学理上的较量,到了第二次世界大战以后,面对触动整个人类神经的战犯问题,良法理念不得不作出现实的抉择。著名的"拉德勃鲁赫转向"阐释了对法律的认定标准从形式和程序扩展到价值

---

[1] [美]德尼·古莱:《发展伦理学》,高铦等译,社会科学出版社2003年版,第51页。

[2] 参见潘基文:《秘书长关于大自由:实现人人共享的发展、安全和人权的报告》,载联合国网:http://www.un.org/chinese/largerfreedom/part4.htm,最后访问日期:2018年6月12日。

[3] 汪习根:《发展权法理探析》,载《法学研究》1999年第4期。

[4] 就词源来讲,恶法非法是一条更为古老的拉丁语法彦,而完整阐述恶法亦法思想的是奥斯丁,他指出:"法的存在是一个问题。法的优劣则是另外一个问题。" See John Austin, *Lectures on Jurisprudence or the Philosophy of Positive Law*, 5thed., revised and edited by Robert Campbell, London, John Murray, 1885, p. 214.

理念的必然性，他论证了违背自然法的基础性权利的法律是如何被剥夺了效力及其无效性依据。自此，绝大部分的法律哲学家都承认了法律与道德的适度结合，哈特的“最低限度的自然法”、富勒的“法治的八项原则”、德沃金的“权利论”以及罗尔斯的“正义论”的区别仅在于法律与道德相结合的程度。

良法生成意指法制的发展过程，也意指通过法律实现治理的发展过程。“我们将‘发展’定义为一个‘过程’而非一个目标，它意味着一个人们寻求解决存在于实现目标与过程控制之间、憧憬与现实之间、理想化的民主富足与现实的贫困无力之间矛盾对立的过程。”〔1〕社会与经济变迁并不意味着法律制度与理念也会发生类似的变化，社会变迁是持久的不间断发生着的，而法律制度与理念却始终与社会变迁保持了一定的疏离关系，这是由法律本身的性质所决定，并体现在权威与平等、统一性与多样化、确信与自由的对立与相互转化上，因而法制既可能促进社会与经济作为整体的变迁，但同时亦可能发挥对社会变迁的抑制功能。发展不同于演进即在于此，它应指对某种情形的改善，涉及价值理念的判断。〔2〕良法的生成即具体指通过法的功能使社会与经济变迁进程有所改善，而并不在于法制自身的精细化、复杂化；是指人类的创造过程而非仅仅某种适应，从理性来说，它指向未来；也指人类的自发创新过程，创新并不囿于法律制度的形式而关键在其适用，即借鉴和引进法律制度的可能性并不取决于法律的好坏，而取决于制度适用背后的理性再创造，根本上是一种先天综合判断；最后，良法的生成以适应发展理论的正向社会变迁为目标，可以说，“良法是社会发展的催化剂，更是社会变革的助产婆”。〔3〕本书现作以下理解。

1. 良法生成过程必然包含着正向的价值取向

良法意指“法律中的良好法律”(good law)。《牛津英语词典》指出法律的含义之一是“肯定地应用于法律问题的决策与意见以表示决策与意见的正确性。包括了好法(good law，亦可译作良法)与坏法(bad law)”。〔4〕尽管好

---

〔1〕[美]安·塞德曼、罗伯特·塞德曼著：《发展进程中的国家与法律》，冯玉军、俞飞译，法律出版社2006年版，第28页。

〔2〕Trevor Noble, *Social Theory and Social Change*, London, Macmillan Press Ltd., 2000, p. 40.

〔3〕李龙：《良法论》，武汉大学出版社2001年版，第7页。

〔4〕J. A. Simpson and E. S. C. Weiner, *The Oxford English Dictionary* 8, Oxford, Clarendon Press, 1989, p. 713.

法与坏法都属于法律的范围，但并不表明是对“恶法非法”这一基本法律原则的违背，坏法与恶法还是有本质区别的，正如著名法学家布莱克斯通爵士(William Blackstone)所指出，“如果发现先前的判定是明显荒谬或不公正的，那也就是说这一判决并非坏法，而是表明它不是法”。[1] 也就是说，按照传统的“恶法非法”理论，就逻辑而言，如果“恶法”属于“非法”的范畴，那么作为恶法的对立物“良法”就与法律概念的外延相重合，而由于任何一部法律都必然会显现出一定的正价值与负价值，即一定程度上的好和一定程度上的坏，因此好法(good law)和坏法(bad law)真包含于良法范畴，这也是良法作为制度变迁的逻辑前提和现实基础。(见图1－1)此处的良法生成特指法律(良法)中探寻社会的正价值、减少负价值的变化过程，它不仅与恶法(evil law)相对立，也与坏法(bad law)相区别。

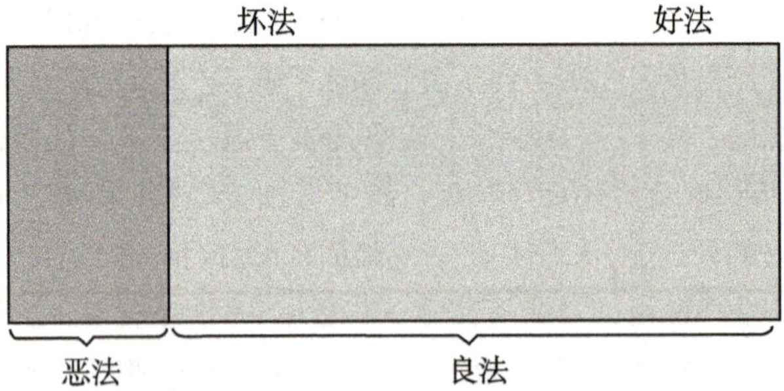

图1－1

注：本图从好法到坏法再到恶法，采取了色彩上的渐变，表明三者之间的界限并不是那么纯粹和明晰，尤其是坏法与恶法的区别，这是一个需要深入讨论的话题。

2. 良法生成是一种制度变迁过程

(1)本书所指的良法生成其制度变迁的基础是正式制度。在法学和经济学领域都有关于制度的定义与分类，相较而言，经济学对制度的研究概念范围更广。早期制度学派代表人物凡勃伦认为制度“是人类共同拥有的现存思维习惯”，[2]并基于达尔文主义进化论的观点把制度视为阻碍社会与经济发展

---

[1] “If it be found that the former decision is manifestly absurd or unjust, it is declared, not that such a sentence was bad law, but that it was not law.” William Blackstone, *Commentaries on the laws of England*, 1st edition, Oxford, Clarendon Press, 1765 － 1769(4 Vols.), p. 70.

[2] Thorstein Veblen, *The Place of Science in Modern Civilisation and Other Essays*, New York, Russell & Russell, 1919, p. 239.

的阻力而与科学技术的推动力相对立。诺思指出:“更规范的说,(制度)是在人类力所能及的范围内设计出来用以塑造人们相互关系的各种约束。”[1]事实上,每一位制度经济学家几乎基于不同的理解都给制度下了各自的定义,然而无论是旧制度学派还是新制度学派,一个大致上的共识是制度的内容包含了以法律、政治为代表的正式制度与以习惯、习俗为代表的非正式制度。[2]

良法毫无疑问是一种正式制度,然而在法律领域将法律制度仅仅表述为一种正式制度却又是令人疑惑的,这主要是因为法律中充斥着习惯。譬如,国际法中的习惯就是与条约同样重要的主要国际法渊源,国际实践表明,在没有条约或协议的情况下,习惯成为解决国家间各类法律冲突的依据,因而《国际法院规约》第 38 条第 1 款 b 项[Statute of the International Court of Justice, art. 38(1)(b)]将国际习惯界定为“作为通例之证明而经接受为法律者”,习惯不可被忽略的另一个至关重要的原因还在于即便存在相关条约,对条约理解上的冲突也需要诉诸条约习惯法(当然还包括“一般法律原则”等其他国际法规则)进行解释。而在国内司法领域,习惯亦是民事案件一项重要的法律依据,对国际惯例的通行解释即来自于惹尼(Francois Gény)对法国国内法中法律习惯的阐述,习惯指“处于实证法律秩序以外”的那些行为,其指涉范围十分广泛,譬如,“商业和其他经济形式上的惯例”亦包含其中。[3] 这就有必要指明法律中习惯的确切含义,惹尼的重要理论贡献是提出了法律习惯区别于社会习惯的两个基本构成要素:惯例(usagé)以及必要的法律确信(étant le droit),从而法律习惯成为一项重要的法律概念。虽然至今理论上关于如何在实践中认定法律习惯尚存较大争议,然而本书此处旨在说明作为正式规则的良法并不必然排斥诸如新制度法学派所理解的习惯,法律领域的论及的正式规则与经济领域论及的正式规则有本质上的区别。

(2)良法本身是动态的,发展着的。正如前文所言,既然良法指向了对正价值的追求,那么任何静止的法律制度由于不可抹去的负价值的存在就否定了良法本身,因此与其说良法是一项制度,不如说良法是一个过程,即发展着

[1] Douglass C. North, *Institutions, Institutional Change and Economic Performance*, New York, Cambridge University press, 1990, p. 3.

[2] See Daniel. Bromley, *Economic Interests and Institutions*, New York, Basil Blackwell, 1989, p. 41.

[3] Francois Gény, Méthode d' interprétation et Sources en Droit Privé Positif, L. G. D. J, 1899, p. 110.

的制度。此外，良法的制度性因素也能够表明良法的动态性。一部分原因在于法律具有的生命力（或说“能动性”，本书对这两个概念作了相同的理解），它寓于法律秩序的内在过程。为解释纯粹法的概念，凯尔森假设了法律秩序的封闭结构，在这一法律秩序中，社会变化不被考量或说暂时不予考虑。同时，休谟定理作为纯粹法的一个基本逻辑前提是不能从应然中推导出实然。整个法律体系都是应然的规范，且封闭秩序有着自身的等级结构，在这一秩序中，不同的法律之间分别有着各自的效力等级，通常称为上位法与下位法。凯尔森以效力与实效的关系解释了不同等级法律之间的逻辑关系，他向我们揭示出实在法中下位法并不是靠上位法逻辑的推导出来这一基本事实，而是依靠效力与实效维系了法律秩序的统一性（尽管法律体系的有效性依然取决于法律层级间内在的逻辑关系），除基本规范以外的绝大多数规范都具有双重的性质：“就上位规范而言属适用者，对下位规范则系创制。”[1]法律体系内在的能动性就表现为凯尔森“纯粹理论”对法律规则的双重性质的发现，即一种制约性的创制而非严格的逻辑推演，它不仅指出实在法体系中普遍存在的逻辑演绎的应用，还包含了法律通过自身解决不同位阶规范冲突的功能。

另一个更为主要的原因还在于社会具有的生命力，法律的发展伴随着社会的发展，因而这一理论表明法律不仅是能动的，还是连续的。制度法学派批判凯尔森“纯粹法学”的一个基本观点是认为法律制度不仅仅是规范，它还是事实。法律科学具有两重性质，作为规范，它表明了制度作为理想的存在形式以及理想与物质现实的联系，魏因贝格尔称为法律的客观因素；法律的实用因素是指制度亦是一种事实，它表明了制度本身对社会现实的广泛参与，麦考密克将法律对社会的这种参与区分为“创制规则”“结果规则”“终止规则”。三者都与具体的社会事实相关联并构成规范的前提，制度“只能被理解为在复杂的成套的创制规则、结果规则和终止规则之间起组织和联系作用的术语”。[2]此时，制度不再是规范以某种形式的累积或叠加，而变为了规范与制度性事实的交织发展，这一理论事实上从制度的构成否认了法律制度的发展脱离于社会现实的可能性，麦考密克与魏因贝格尔同时指出：“制度法论强调社会上存

[1] [奥]凯尔森等：《纯粹法理论》，张书友译，中国法制出版社2008年版，第92页。

[2] [英]尼尔·麦考密克、[奥]奥塔·魏因贝格尔：《制度法论》，周叶谦译，中国政法大学出版社2004年版，第73页。

在的规范与社会生活的看得见的特点之间的相互作用,并把法律的能动性的基础置于这种相互作用之上。"[1]因而尽管制度法学也严格遵循了休谟定理,但它却是一种开放的体系,既包含了法律自身的发展,更作为社会事实本身体现于社会发展的各个层面,而社会则是连续变化着的。

与制度法学派开放的制度理论有着某种一致性的是学者休·吉本斯(Hugh Gibbons),他将现代的社会生活比喻成一个构建的关系,而法律则是构建的秩序机制。他指出,科学的目的精神和工业革命是现代社会的基础,开放的现代社会意指"一切都能被理解;一切都在改变;我们可以创造我们之所想"。[2] 而作为社会需要的一个方面,法律代表了人类开始将构建的社会关系有序化的某种愿望。在此,吉本斯并不主张夸大人类的能力,开放的社会仅仅表明客观的可能性,是指人类的无限潜能。因而法律是这样一个制度事实或说社会参与,"社会需要法律,法律将减轻社会变迁的痛楚以及帮助创造一个与持续的人类存在相协调的环境。我们并不拥有必要的洞察力以实现这一任务。但我们有能力充当一个媒介,即凭借这一媒介将应对措施转化为社会行动"。[3] 法律制度的两个功能表明了其毋庸置疑核心作用,法律的解纷功能(conflict-resolution function)确立了社会需要的应有秩序与应然状态,而实际的社会需要则催生了法律具有目的性的创序功能(order-creating function),[4]至此,法律的创造性使法律不再局限于应然的范畴,它还是人类运用理性创造社会本身,社会变迁凸显了法律的创序功能,使我们深切地感受到一定程度上没有奴隶、通过选举产生行政官员、个人财产不被任意剥夺的社会事实(或说社会秩序),可以说,是人的需要、社会变迁以及作为媒介的法律共同打造了人类社会的动态平衡。

---

〔1〕 [英]尼尔·麦考密克、[奥]奥塔·魏因贝格尔:《制度法论》,周叶谦译,中国政法大学出版社2004年版,第29页。

〔2〕 Hugh Gibbons,"Law in an Age of Social Change",*American Bar Association Journal* 57,1971,p. 152.

〔3〕 Ibid.,p. 153.

〔4〕 正如吉本斯所指出,"法律创序功能的目的由不同来源的社会需要发展而来,社会需要又来自于法律化解冲突的功能"。"The purposive, order-creating function of the law evolved from a different source of social need from the conflict-resolution function." See Hugh Gibbons,"Law in an Age of Social Change",*American Bar Association Journal* 57,1971,p. 152.

最后需要补充的一点是卡多佐有关“法律的成长”的论述,即法律生命力与社会生命力的融合构成了法律动态发展的现实基础。在英美国家司法领域一个长期存在争议的话题,是对立法而言判例究竟是一个发现法律的过程还是创造法律的过程,卡多佐分别举例说明了两种具有代表性的极端观点,并在两类观点中采取了折中的态度,他指出法的概念为“法律作为一系列规则、原则和准则,为了某个目的,在适用于新的事物组合过程中,不断地被分门别类、被挑选、被铸造、被修改”。[1] 因而他提出判决就是一个不断试错的过程,[2]与现实相适应是法律发展的基本原则,卡多佐并不否认司法理性化的可能性,并一再强调要“竭尽全力”实现司法理性化过程,然而完全的理性化明显违背了当前的事实,是“一种应被抛弃的无稽之谈”。所谓司法理性化,即在判决中采用逻辑形式的纯粹推理过程而不考虑任何外部因素的影响(诸如来自社会的、政治的影响),逻辑被当作是唯一的司法方法乃至唯一的法律成长工具,它表明了法律秩序的逻辑的自我生成关系,凯尔森即是这一分析模式的典型代表。而卡多佐以实用主义否认了这种观点,在一个真实的司法案件的裁判中,相对价值的权衡、各种社会利益的冲突,甚至法官的直觉、经验以及对事物的认知水平都客观影响着判决本身,法官在司法案件中运用的法律方法因此也不可能仅仅是逻辑的,历史的方法、习惯的方法、哲学的方法、社会学的方法等在解决诸如道德问题时对逻辑的填补不仅是客观存在也是不可缺少的,同时,卡多佐也肯定了立足现实的合理性和必要性,他指出:“绝对而不附任何条件的实在可能存在,但人们必须通过它在相对的、有条件限定情况下的表现形式来认识它。实用主义至少是一个有效地原则,通过它,真实才能被检验,人们才知道自己是否获得了真实。”[3]这一理论表明融合了逻辑推理与其他司法方法的法律生长与发展过程不仅是真实地存在,我们也只能且必须这样来看待它。

(3)良法生成体现了全方位的变迁。经济学家与法学家在研究视角上的差异体现了法制变迁的全面性。经济学家们习惯于假设政治与法律制度是给

---

〔1〕 [美]本杰明·N·卡多佐:《法律的成长,法律科学的悖论》,董炯、彭冰译,中国法制出版社2002年版,第32页。

〔2〕 事实上,按照卡多佐对司法试错的解释,法律的成长表明立法过程至少也与司法过程一样采取了一种不同形式的试错。

〔3〕 [美]本杰明·N·卡多佐:《法律的成长,法律科学的悖论》,董炯、彭冰译,中国法制出版社2002年版,第27~28页。

定的,在传统的经济理论模型中,一项法律制度与社会事实乃至自然现象的地位是相同的,他们并不被赋予理性。经济学研究的新突破是对正式制度的研究,新制度法学派对产权、交易成本的分析对当今各国的经济立法产生了不小的思维上冲击,然而这些卓越的经济学家们始终是从经济的角度考虑非正式制度随正式制度的变化,正式制度主要被赋予的是经济理性,汉德公式(Hand Formula)更是标志着经济理性应用于司法程序的可能性。

作为法律的制定者而言,法律制度的全面性不仅表现在必须考虑正式制度与非正式制度的关系,必须考虑经济理性,还表现在必须在经济理性与其他的因素中作出恰当的抉择。中国古代的一项立法说明了法律规范中对经济理性的考量。这一法律规范来自"侗族款约",所谓"侗族款约"是指侗族社会在自治范围内为规范社会成员行为而就各项社会事务广泛订立的法律条文以及与订立、普及法律条文相关的一系列活动。以量刑情节区分了"六轻六重",并根据"六轻六重"的量刑情节设置了相应的刑罚措施"六阴六阳",所谓"六阴"即针对六种加重情节处以死刑的一种最严厉处罚,俗称"打入阴间",与之相对应的是"六阳",包括教育批评、罚款等刑罚措施。除了款规中的款词之外,还有相关的一些传统活动,如立款、讲款、开款以及款首和款社内部的聚款等。而在以"讲款"仪式口耳相传外,另一项重要的流传形式即将款词记载于法石之上。无论哪一种类型的款约,"都有款场(立法和执法场所)、法石(刊刻款文的石碑)'立碑戒告,万古不移',使之侗款法律化、制度化,世代相传,照章处事"。[1] 据一块立于清光绪十八年肇兴侗寨的款碑记载,针对盗窃的一项具体处罚措施为"禾谷一切罚钱八百文,蔬菜罚钱一千二百文"。而对这一款词的立法意图所作注解则是"偷谷子是为了生计,偷蔬菜是为了享受"。处罚手段的区别对待在于"惩罚懒惰"。因此通过这一立法不难得出,假设传统法制漠视经济因素的现象也许存在(无论是否准确与合理),但如若认为经济分析法学派以前的法制并不包含经济理性的考量实则明显是无端的指责。而即便认为传统法制代表了对经济理性的轻视,至少它意味着法律的制定者始终是在政治、伦理、经济等各种因素中"不恰当"的综合考量。

良法体现为全方位的变迁不仅在于法律制度的内容与理念必须是综合的,它还在于我们对良法的认知始终有必要求诸于法制之外。一种观点表达

〔1〕《黎平县志》,巴蜀书社1989年版,第147页。

了对纯粹法制的忧虑，它指出“通过法制制度对法治下定义，会过分促使实务者转向技术型的改革模式。法治更多的是一种文化和政治模式，而不是技术性制度，文化和政治的因素甚至高于法律的制度”。[1] 如果不过分追求克莱因菲尔德法治目的论的理想化类型，我们至少可以认为法律制度也并不是如凯尔森叙述的那样完整的自我生成，法制影响并调整社会秩序，但社会秩序也同样影响着法律制度，正因如此，制度才不至于独立社会现实而存在。法律发展的重心在于社会本身，尽管在研究法律现象时被视为法律科学的现有法制在选择上具有如此明显的优势，然而如商业惯例等社会现象仍旧独立于法条而存在且对裁判之既判力形成了某种程度的实质性拘束效果。在求诸于法条以外阐释法的道路上走得更远的则是以埃利希为代表的社会学法学派。埃利希指出社会学法学的首要任务就在于以人类社会本身作为出发点，即“法的阐释必须以之作为出发点的人类关系却不依赖于法条。国家及其机关、人、所有权、物权、契约、继承，在近似的同一文明、同一经济发展阶段的所有地方和民族中以一种定式表现出来，这种定式除呈现某些差异外，也显露出一系列共同的特征”。[2] 这些表现出来的共同特征被视为阐释法的关键，埃利希同时以国民经济学中的经济性法律关系作类比指出了将实在法排除在探究之外的具体情形，而这种以人类关系为出发点的法律探究方法则被称为一般的法律科学。

麦考密克提出的“制度道德”是具有启发意义的。他从两个范畴界定了制度道德，即“尽可能地适应所设想的文明社会的实际的法律制度和政治制度”以及“尽可能紧密地接近我们的‘背景’政治道德的理想”，[3] 同时，制度法学派的倡导者们寄希望于以某种实践理性来调和制度道德的这两种趋势，于是被认为承载着共有实践理性的“习俗”成为了两种理论活动的交叉点——共识与集体决策都能通过“宪法习俗”以一种并不圆满的结果达成。但因深陷于英国分析主义与英美国家新自然主义的争论，麦考密克最终仅以对分析实证主

---

[1] [加]麦克尔·崔贝尔考克、[美]罗纳德·丹尼尔斯：《法治与发展》，冯川等译，南京大学出版社2014年版，第42页。

[2] [奥]欧根·埃利希：《法社会学原理》，舒国滢译，中国大百科全书出版社2009年版，第528页。

[3] [英]尼尔·麦考密克、[奥]奥塔·魏因贝格尔：《制度法论》，周叶谦译，中国政法大学出版社2004年版，第210页。

义的选择草草结束了制度道德的论证。

总体来说，首先，全方位的制度变迁意味着良法虽然从形式上而言是一种正式制度，其制定、修改与终止有着一套独特且完整的法制程序，但由于非正式制度充当了法制意欲实现的目的之一，因而较高水平的法制发展不得不对正式制度与非正式制度等量齐观。其次，对良法生成的认知是一种实践理性，良法本身是“活法”，而非逻辑的生成，因而良法的范围始终大于法律制度的范围。

第二章 良法生成的文明向度

一、法治理念穷源

（一）源头寻觅：法治理论向何处寻

法治理论的追溯，只能是向西方寻求其源头。其理由有三：

1. 纵观法治理论的历史长河，现代法治理论是始于古希腊而一脉相承的理论。自古希腊至古罗马至中世纪直至古典时期，从希腊三贤到西塞罗、奥古斯丁再到托马斯·阿奎纳、注释法学派直至欧洲三大思想解放运动，[1] 法治思想与理论始终在继承与超越中薪火相传。正如蒋百里在论述文艺复兴与中世纪关系时所极精辟指出的："可知文艺复兴，一方面对于中古为继承的，非突发的；一方面对于古典，为创造的，非模仿因袭的也。"[2] 在西方历史的更替中，其法治理论的传承也莫不如此，"柏拉图的理念（指法治思想）贯穿西方哲学传统，经由奥古斯丁的替代形式上帝思想，进而传承给托马斯·阿奎那永恒法概念，其自然法定义是对永恒法的理性参与，因此在柏拉图的法治释义与中世纪的自然法传统和面向更高法的法治之间建立了一种联系"，[3] 而法治理论的这种联系从中世纪到现代也始终持续着，正如《牛津法律大词典》所指出，"它（法治）可能源于中世纪的一种信念，即不论是上帝法还是人法，法律应统

---

〔1〕 三大思想解放运动即文艺复兴、宗教改革和启蒙运动。

〔2〕 蒋百里：《欧洲文艺复兴史》，岳麓书社 2010 年版，第 10 页。

〔3〕 V. Bradley Lewis, "Higher Law and the Rule of Law: The Platonic Origin of an Ideal", *Pepperdine Law Review* 36, 2009, p. 656.

治世界”,[1]并最终形成了现代法治理论的样态。关于西方法治理论的传承,后文还将详加说明。

2. 中国乃至东方各文明古国未能形成延续的法治文明。尽管四大文明古国都拥有自己令人骄傲的法典,例如,古印度的《摩奴法典》、古巴比伦的《汉谟拉比法典》、古埃及的《博克贺利斯法典》以及中国辉煌的《唐律疏议》,并在这些法典中,也展现了各文明古国高超的法律智慧。譬如,有学者在总结古埃及法律的诸多迹象时认为其先进水平可以与古希腊并驾齐驱,甚或达到中世纪法律制度的文明水准。[2] 但我们却始终无法将之定性为延续的法治文明。他们的情况大致又可分为两类,前一类以前三个文明古国为代表,摩奴法典自称是“有关种姓的法律”[3]或“种姓法”,[4]而古巴比伦的法律与古埃及一样,都是置身于王权之下。例如,埃及法老,作为神的化身与继承者,将宗教、军事、行政、司法等诸权集于一身,对全国臣民拥有无限权威。因此他们都与法治文明相去甚远,更为重要的原因是,他们的文明都已失落,就更谈不上延续性了。后一类则以古代中国为代表。中国是否存在法治,这在我国的学术界基本已形成定论,即中国古代自先秦起所强调为以法治国而非依法治国,所实行的是人治而非法治。但与前者不同的是,中华文明始终在持续发展着,“中国在以前死过好多次,好多次它都又重新复兴起来”,[5]其中当然也包括法律的传承。

3. 希腊的法治理论属于抽象思维的理论体系,具有独创性。正如前文所述,希腊法律与两河流域以及古埃及的法律有着割舍不断的关系。“古代文献和近代考古资料都确凿的证明:希腊文化是在西亚和埃及的文化影响之下发展起来的。”[6]但这种联系绝不表明他们之间在文化上的附庸关系,事实上,希腊哲学亦有相当之独立性,他们对承继于东方的文明进行了抽象与升华而形成了独创的理论。例如,古巴比伦、古埃及诸国对数字、几何、水、火的认识

---

[1] [英]戴维·M. 沃克:《牛津法律大辞典》,李双元等译,法律出版社2003年版,第990页。

[2] S. R. K. Glanville, *The Legacy of Egypt*, 1st ed., Oxford, Clarendon Press, 1942, pp. 198 – 212.

[3] 《摩奴法典》,马香雪译,商务印书馆1982年版,第28页。

[4] 《摩奴法论》,蒋忠新译,中国社会科学出版社2007年版,第18页。

[5] [美]威尔·杜兰:《世界文明史》(第1卷下册),幼狮文化公司译,东方出版社1999年版,第898页。

[6] 汪子嵩等:《希腊哲学史》(第1卷),人民出版社1988年版,第62页。

与应用,都堪称希腊人的老师。然而时至今日,还没有发现其他文明会挣脱出宗教的束缚而将水、气、数、火、原子等当作世界的本原进行思考。可以说自米利都学派的泰利士始,希腊哲学就已走向了完全不一样的思维形式,它所要建立的宇宙秩序是挣脱于神话与王权的宇宙的内在规律。观点本身确实值得商榷,但也侧面反映了希腊哲学这种独创性。在论及希腊哲学的起源是独创还是外来于东方这一点上,我们还可以借用亚里士多德和希罗多德的说法,即"这些人(东方人)是希腊人的邻居和某些方面的老师,当通过反复试错他们逐渐形成一种行之有效的技艺时他们倍感满足。他们继续使用这一技艺,却没有丝毫兴趣进一步追问它为什么起作用,毫无疑问,因为原因的领域仍然是由宗教教条统治的,而不是一种开放的对理性自由辩论。这就是他们和希腊人深层次的不同,只有希腊人提出'为什么'的问题,这种对原因的兴趣立刻导致了进一步的需求:对一般性的认识探求"。[1] 法治理论就是这样的一种抽象,希腊的法治理论属于希腊的哲学体系,它的构建必须以对法律本身价值的思考为前提,而不仅仅是国家或政治领域的应用。这样说来,从希腊思想起源的角度来看,法治也只可能发端于希腊。

(二)源头初探:柏拉图的转变

即使我们将源头锁定在古希腊,这仍将是一个有争议的问题,不仅柏拉图、亚里士多德都曾论述过法治理论,希腊早期智者们的经典论述也不应忽略。

柏拉图有关法律的论述能不能称为法治理论,颇有争议。一种观点认为,柏拉图是排斥法治的,这在其著作《国家篇》[2]中体现较为明显。之所以产生这样的误解,一种可能性是亚里士多德的《政治学》与柏拉图的《国家篇》在希腊文中原本为同一个词,即 Πολιτεία,只是自拉丁语以后才逐渐区别开来,[3]故而后人自然常将两部著作类比并认为柏拉图是反对法治的,倡导哲

---

[1] W. K. C. Guthrie, *a Historyof Greek Philosophy*, *Volume* Ⅰ, London, Cambridge University Press, 1962, pp. 35 ~ 36.

[2] 《国家篇》,即柏拉图名著 The Republic,在我国更为通行的译名为《理想国》。

[3] 拉丁语对柏拉图的篇名作了改动,译为 De Res publica,从而使该著作与政治的含义渐行渐远,反而与城邦国家的含义类似,例如英文的通常译名为 The Republic,法文的通行译名为 La République,德文的通行译名为 Der Staat,基本包含的都是城邦国家的意义。

学王统治而贬低法治的倾向确实在《国家篇》中有所体现。另一种观点认为，柏拉图提倡的始终是人治而非法治，柏拉图三部有关政治思想的代表性著作《国家篇》《政治家篇》《法篇》，在关于应该由谁统治谁即统治权的归属问题上，始终坚持应由有知识的人(《国家篇》中称作哲学家、《政治家篇》中称作政治家、《法篇》中包括政治家与立法者)统治的观点，并由此认为柏拉图人治的思想是一以贯之的。

应当说以上两种观点都有值得怀疑的地方。对于前一种观点，涉及如何看待柏拉图三部著作的问题。毫无疑问，《国家篇》是柏拉图最负盛名的著作，当中的诸多观点对西方的各学科而言也是极具开创性的，然而，单就政治思想而言，却不应割裂其与另两部著作的联系。从创作时间上看，三部著作先后诞生于柏拉图学术生涯的不同时期，以《国家篇》最早；就政治思想的内容而言，三部著作的承继性不应忽略，尤其表现在对待法律的态度上，呈现出一种递进关系。因此评价柏拉图的法律观点至少需要从这三部著作的整体来把握。不难发现在另两部著作中，对法律的反感是明显缓和了的。

对于后一种观点，或许结合亚里士多德的法治理论更为明了。在内容上，柏拉图的《法篇》虽然遭到了亚里士多德在其《政治学》中的数次批评，但两者同样都是源于实践的著作，[1]也都有关于现实政体的反思与对理想政体的美好愿景。亚里士多德的政治理想简单说来可以概括为最优秀之人当政的共和制，并且这样的政体还是与法治相结合的政体。其中最优秀的人则与柏拉图所主张的哲学家或政治家非常契合，亚里士多德没有论述最优秀的人从何而来，也不主张其能否始终存在以及怎样出现，但正如前文所述，最优秀的政体是由最优秀的人治理的政体，最优秀的人必然会实施法治，这又与柏拉图惊人的相似。柏拉图曾借客人之口亦说出了："只有真正的政治家才是优秀的立法者。"[2]法治本身并不是完美的手段，但却是现实的需要，"事实上，他们仅仅是像意识到法治的优点一样意识到法治的缺点。对经典作家而言，理想的是

〔1〕 柏拉图的《法篇》被认为是对国家社会一个个具体问题的探讨，柏拉图重视法律实践，数次派其门徒参与立法，因此《法篇》也被认为是为其学生参与立法写下的范本。同时，柏拉图在《法篇》中所体现的对法律态度的转变，也被认为是由于本人在实际生活中的各种遭遇形成的。参见汪子嵩等：《希腊哲学史》(第2卷)，人民出版社1988年版，第1107~1108页。

〔2〕 [古希腊]柏拉图：《柏拉图全集》(第3卷)，王晓朝译，人民出版社2003年版，第171页。

理性之治或天才之治，而法治是对其一种必要的折中”。[1] 不同的是，与亚里士多德相比，柏拉图的哲学家或称政治家与立法者之间的关系，也即理性与法律之间的关系，经历了一段不一样的蜕变和结合：《政治家篇》仍认为法律具有不精确、不灵活等特性，但法律却作为了理性（知识）以外的唯一选择；《法律篇》指出法律的真正卫士需要能够表述和在实践中运用的真正知识，而没有法律的城邦将离覆灭不远，从而将法律推向了更高的地位。

根据是否依法进行统治以及统治人数差异的横纵坐标，柏拉图将现实政制划分为了6种（见图2-1），而6种政制下人们对现实生活的容忍度成为评价6种政制优劣的总体标准，反映出柏拉图对人的客观需要的回归，他指出“我们毕竟要记住，一般说来，人们在任何地方的一切行为都是为了确保自己能够过上一种最能忍受的生活”。[2] 柏拉图对政制的这一论断至今仍是发人深省的，尽管现今人们对政治科学的探索是试图从不同的角度来阐释政制的内容和目的，但还没有哪一种的理论能真正走到这一观点的反面，即便以正义的准则来批判罪恶的纳粹政府，其无非是“人们”不能仅仅指哪一国或哪一团体的人而是指人类的整体，或者指一个政治国家中生活的人的整体而非某一部分，并且纳粹主义并不能带来真正生活的改善也成为反纳粹的一条佐证，表明其实质并不是对这一观点本身的攻讦。遗憾的是，柏拉图并没有在这一问题中走得更远，也并没有将统治形式与人的社会生活的需要联系得更紧密，而是转而从统治形式上去论证政制的合理性。合法的政制整体上优于违法的政制，且根据统治人数的区别，以君主政制最优而僭主政制最糟依次排列。柏拉图认为权力具有双面性，是实施善政与作恶的根源，统治者人数的递增是对权柄的分化，也意味着对统治者权力施行能力的弱化，故在合法统治之中多数人统治最糟而非法统治之中多数人统治最优。

---

[1] V. Bradley Lewis, “Higher Law and the Rule of Law: The Platonic Origin of an Ideal”, *Pepperdine Law Review* 36, 2009, p. 633.

[2] [古希腊]柏拉图：《柏拉图全集》（第3卷），王晓朝译，人民出版社2003年版，第158页。

	柏拉图(《政治家篇》)		亚里士多德(《政治学》)	
	合法(优良政体)	违法(恶劣政体)	公共利益(正确政体)	自身利益(蜕变政体)
一人统治	君主政制(最优)	僭主政制(最糟)	君王制(最神圣)	僭主制(最恶劣)
少数人统治	贵族政制	寡头政制	贵族政体(最优良)	寡头政体
多数人统治	民主制	民主制	共和政体(接近贵族政体且最值得人们选取)	平民政体

图 2-1

尽管在一些学者看来,柏拉图所指的法律其内容并不一定限于实在法,还可能包含依习俗行事,然而我们至少可以称它"代表着一种经验的结果",合法政制与非法政制的界限是在缺乏真正政治家的国家中能否以严格遵循法典不做改变为统治原则(只有真正的政治家对法典所作之改变符合遵循法典的精神)。理想的统治类型必定是最公正的和最需要的,它是真正科学的统治者运用政治科学的理性治理的共同体,有着"最严格的公正和最完善的幸福",它高于法律的评判标准,柏拉图称为第七种政制,即理性之治。政治家的理性是高于法治的理性而非法治下的理性,与之相比,法治的缺陷体现在两个方面:首先是其相较于人的能动理性而言,法的普遍性与抽象性对人的制约作用;其次是作为统治技艺之一种的法治下的政制形式融合了理性与无知、正义与邪恶。因而它只能算第三等政制,远不及体现理性与正义的第一等政制——理性之治,也不及第二等政制,即以理性与正义压倒无知与邪恶。[1] 依照法律进行统治的合理性在于它是对具有政治理性的统治者与理想的政治体制的模仿,这些政制的虚假性在于它本身很难区分什么是真正政治家的技艺,但它却成功的避免了一种最坏结果的发生,即那些并没有科学知识却任意违反法律以个人欲念恣意行事的统治行为。

《法篇》中柏拉图赋予了法律以理性是一项重大的理论突破,尽管直到晚

---

〔1〕 See V. Bradley Lewis, "Higher Law and the Rule of Law: The Platonic Origin of an Ideal", *Pepperdine Law Review* 36, 2009, p. 645.

年柏拉图仍坚持认为，一切事物的主宰者应当是理性，并明确指出尽管“没有任何法律与命令有权凌驾于真知之上”，然而现实生活中“这样的理性无处寻觅，或至少是不多见的”，[1]无论是基于合理的理由还是迫于无奈，法治都终于从对真正政治家技艺的单纯模仿中挣脱了出来，成为具有独立理性、独立地位且事实上作为合理主导的统治技艺。从绝对政治理性中挣脱出来的法治蕴含的理性，至少包含了以下几点：

首先，一国的法律必须体现为国家利益，“那些被当作特殊阶级利益而非国家利益的法律不是真正的法律”。[2]在经历多次的流亡岁月后，柏拉图深刻的领悟到了绝对权力邪恶性的一面，他指出恣意违反现有法律是手握权柄者的一大通病，国王自负奢靡的生活导致了混乱的局面，进而在被打乱的社会秩序中毁灭了整个的制度体系，因而城邦的灭亡往往始于国王而非其民众，始于国王不受法律约束的违法行为而非社会的自然消亡。限制权力的第一层含义就在于使权力从属于法律，使法律相对于权力处于绝对的主导地位，让手握权柄的统治者从应然的角度完全服从于现有法律。限制权力的第二层含义则在于法律内容上对权力的约束。早在《政治家篇》中，柏拉图即根据权力的取得和运行方式划分了六种不同的现有政制形式，并指出了合法政制形式的优越性。而《法篇》不仅要求权力的取得方式需是合法的，同时合法取得的权力的内容需以国家利益为限且只能体现为国家利益。由于权力隶属于法律，而法律体现国家利益，因而真正的权力必须是为了整个国家的共同利益，这使权力本身不具有任何的人身依附性，权力也不再归属于权力获得者自己，任何维护权力获得者私人利益的行为将成为典型的违法行为。限制权力的第三层含义还在于现实制度中对权力行使的实际控制，它的思想基础是分化权力来限制权力可能招致的罪恶。统治者自身腐化与权力滥用的历史经验由来已久，过多的权威集于一身的结果是灵魂的专横，不设法限制这种专横，结果就是犯罪。以三位神启者的名义，柏拉图借助斯巴达的政制提出了分权和限权的最初构想：第一位神启者通过设立两位国王使权力合乎比例；第二位神启者通过设立具有同等发言权的长老职位限制王权；第三位神启者通过设置礼仪官作

---

[1] [古希腊]柏拉图：《柏拉图全集》(第3卷)，王晓朝译，人民出版社2003年版，第637页。

[2] John M. Cooper, *Plato Complete works*, Indianapolis/Cambridge, Hackett Publishing Company, Inc., 1997, p. 1401.

为约束。柏拉图以法律制约权力的信念是坚决的，正如他指出："法律一旦被滥用或废除，共同体的毁灭也就不远了；但若法律支配者权力，权力成为法律驯服的奴仆，那么人类的拯救和上苍对社会的赐福也就到来了。"[1] 为了不使社会秩序陷入混乱，制度与法律被破坏以致国家被倾覆，国王与民众都需严格的遵守体现为公共利益的法律，尤其是权力及权力的获得者更需要绝对的服从。

其次，国民对法律的绝对服从并不足以确保体制与法律的存续，法律需体现为对人的最高关切，"立法者必须尽最大力量为国家植入智慧和消除无知"。[2] 出于对伯罗奔尼撒的保护，柏拉图设想了三个历史背景、社会基础及社会制度都很相似的城邦，并指出随着历史的发展，除了斯巴达得以幸存而另两个城邦相继自我灭亡（将外部战争的因素排除在外）。三个统治家族及其统治下的城邦的一个显著社会现象上的差异在于后两个城邦的政治制度和法律早于城邦本身而处于迅捷的衰败之中，唯有斯巴达的法律保持了持久的生命力。柏氏继而指出，城邦的存亡在立法之初即已确定，衰败出于法制的内因而非外因。事实上，并非人们的违法行为导致了法律的退化，三个城邦的法律不仅都被严格的遵守，在城邦建立时也已达成挫败一切颠覆王权图谋的誓言，对任何违反法制的行为包括来自统治者的恶行都将受到另外两个城邦的反对，因而这种对法制的遵守还体现为城邦间共同的维护。尽可能排除外在因素妨害的可能性后，柏拉图即指明法治理性中的愚蠢和无知是法制衰败、国家覆灭的根本原因。政治制度中法律的无知仅限于统治领域，它表现为统治者或国民意识上普遍性的倒退，而其中最大的无知即是对法制的最重要内容——人的认知的漠视。无限放大的人的欲望错置了人的情感与理性，柏拉图声称这种无知是来源于灵魂深处的不协调，法制理念中最大的无知就表现在"人们痛恨他本认为是良善和高尚的（事物），深爱并迎向他知晓的不义与邪恶"。[3] 更为糟糕的是，这种无知对社会中生活的个体的影响是深远而广泛的，而当灵魂开始反抗法制理念中的知识、意见与理性，立法先前隐含的无知开始发挥作用，随后法制的发展将充斥着对真正法制的反抗，于是法制衰退与腐朽之路也

---

〔1〕［古希腊］柏拉图：《柏拉图全集》（第3卷），王晓朝译，人民出版社2003年版，第475页。

〔2〕John M. Cooper, *Plato Complete works*, Indianapolis/Cambridge, Hackett Publishing Company, Inc., 1997, p. 1377.

〔3〕Ibid., p. 13778.

就正式开启了,诸多恶行如偷盗、侵占与城邦及其国民感受到快乐相伴随,只要他能满足得到巨大财富和荣誉这一共同的欲望,而在这一走向堕落的法制的理念中,例如,以满足欲望为最高原则的公平推理,不仅无异于导向良善,反而走向了良善的对立面。

当我们声称立法者必须致力于为作为统治形式的法治不断"植入智慧"和"消除无知",它首先是基于这样一种前见,即一国政治制度中法律的智慧并非指统治者与被统治者的完善理性,这也是法治始终不及理性之治的原因,柏拉图早已指明了这一点。同时,法律中的智慧也不包含其他方面的技艺,它本质上是统治技艺之一种,因而它并不论及指挥家们的军事技巧而关切战争与和平的状态,并不研究园艺工修剪枝条的技法而仅以城邦治理的对象来看待行为本身及其后果。法律智慧的最高教义是和谐,这种和谐并非指一种稳定有序的社会状态——虽然法律智慧最终会促成此种社会状态的实现,和谐主要体现为对人的某种关切(human affairs),它意指将人对事物的情感与人的理智相统一。要区分出哪一种程度的统一表明了人事的和谐是不易的,但要描绘出法治中的不和谐的实现却很清晰,譬如当整个社会成员都以赞赏或膜拜的心态看待不义之财的获得,碰瓷的讹诈手段成为绝大多数人争相效仿与追随的风尚,尽管此时社会秩序也许仍就平稳有序地发展,法制理念中的愚昧和无知则悄无声息地显现出来。

本书提出法治是一个发展着的理念,良法是一个发展的过程,也就是表明一国的制度从来都不是依靠完善的理性生发出来,现实的法制既没有至善的理性作为哲学基础,更没有一套万能的行为准则和制度演化机制,按照柏拉图的设想,它只能是不断地通过对人事的关切来抵御来自于外部的各种邪恶以防止制度自身的退化,使人们热爱和拥护正义与真理,并自觉自愿的遵守理性的生活。当然,如果对法制中的理性与抽象的理性做出区分或许使问题更为明了,人民热爱和拥护法律中体现的正义与真理,尊重法律中的理性而不仅是服从,并自觉自愿的遵照所崇尚的法律秩序下的社会生活方式。法律理性致力于"植入智慧"表明,人们对事物认知的理性是区别于原有法律理性的法律外部的理性,"消除无知"是对城邦中生活的人的情感的正确引导与克制,柏拉图认为这种错误的感知始于人类共同的欲望。法律的和谐是制度演进过程中国家和法律存续的关键即是指理性与爱恨感知的冲突在人们生活的共同体中还保持在可容忍的范围内,立法者则在尽力调整普遍违法行为时以使国民信仰法律自愿守法为目标。一个反向证明法制需持续不断地从事于智慧地植入的观点就在于当人们热爱法律,拥护法律中的理性,而法律中的理性却远远落后于现实中人们所认知的理性,那么人们热爱法律的行为实质上也就是对无知的盲目崇拜,因而对法律的绝对服从并不使法律的不和谐问题变简单,理性与情感的冲突事实上将以一种新的情况出现。

(三)源头二探:亚里士多德的启示

一般认为亚里士多德至少是法治理论的重要奠基者,他不仅系统明确地提出并论证了法治理论,而且对法治的经典表述至今影响深远。我们对亚里士多德法治理论的理解正如其所言,“在各种技术和知识领域,都必须同时掌握两点,即目的和达到目的的行为手段”。[1] 不只是亚里士多德的法治理论,本书认为讨论任何法治理论也都应从这两方面入手,即法治的目的和达到法治目的的手段,前者即理念,后者即组织与制度。

首先,法治最直观的目的就是能实现“最出色治理”,“而最出色的治理则在于据此城邦能最大限度地获得幸福”。[2] 当然最出色治理并非法治单独所能构成,它需得是“适宜的法律”和“妥善的行政治理”相结合,需得是法治与最优秀的政体相结合。虽然法律具有一定的独立性,政体并不能完全决定法律的形态,但法律与政体的关系仍然是法律需要与政体相适应,在亚里士多德看来“法律是独立成章的,是说明整体性质的一种规章,当权者必须依法统治,并防止有人违犯法律”,[3] 并且法律对政体的适应反过来也会对法律构成起到决定性作用,“正确的政体必然就会有公正的法律,蜕变了的政体必然有不公正的法律”。[4] 这也是亚里士多德对柏拉图晚期作品《法律篇》进行反驳的最主要理由,即认为柏拉图没有关注到法治与政体的深层关系,亚里士多德指出:“在《法律篇》中除了法律以外几乎没有讨论其他问题,有关政体也论述极少。”[5] 而更让亚里士多德无法苟同的是,柏拉图认为的最好政体,即平民与

---

〔1〕 苗力田主编:《亚里士多德全集》(第9卷),颜一、秦典华译,中国人民大学出版社1994年版,第255页。

〔2〕 同上书,第256页。

〔3〕 同上书,第120页。

〔4〕 同上书,第97页。

〔5〕 同上书,第44页。

僭主结合的政体在亚里士多德看来根本就不算政体,或说是最坏最糟糕的政体形式。亚里士多德主张最优良的政体形式是贵族政体,而对大多数城邦而言最优良且最值得人们选取的则是共和政体,与其他政体相比较,共和政体的施政目标是为被治理者着想、为全体公民的共同利益着想而区别于各种政体的变体,其执政者是多数人的合乎中庸的治理而区别于君主制和贵族制。因此,亚里士多德的最出色治理,也就是法治与共和政体的结合。在柏拉图看来,由于真正施行治术的政治家难以寻觅,这样一种政体形式也难以实现,因而在现实国家的统治形式中,各政体是否能依据成文法和习惯推行治理的各项措施成为衡量政体优劣的重要标准,依法统治的政体明显优于不遵循法律进行统治的政体。亚里士多德对两类政体的划分标准说明其充分认识到依法与否并不足以体现政体间的差异,蜕变的政体无法实现优秀治理的根源不在于是否遵循了法律,而在于蜕变政体下的法律本身是不正义的,也就是说,即便在蜕变的政体中依据法律进行统治,这样的治理仍是充斥着不公正的行为方式。

其次,法治实现自身的价值。希腊哲学的独创性带动了希腊法治理论的发展,希腊人赋予了法律独立的价值而使其并非仅仅是人的附庸。其一,法律拥有最高的权威。亚里士多德再明白不过地指出:“恰当的法律可以拥有最高的权力。”[1]恰当的法律是一个难以界定的概念,但可以明确的是恰当的法律必定相适应于政体,确立法律的最高权力就是为了能克服人的最高权力的任意性。亚里士多德反复提到人的不可靠的欲望和兽性,当法治不拥有独立的价值时,由于法律的特性它仍起到了控制被治理者欲望的作用,然而另一方面治理者的治理本身却掺入了他的兽性;当法治拥有其目的价值也即树立了其最高权威,那么人只能在法治之下行使自己的权力,虽然人仍有任意行使权力的可能,但超越了法律范围的权力不被允许或承认,从而在理论上摒除了治理者的兽性,只有从这个意义上来说“法律即是摒绝了欲望的理智”。[2] 当然,以上解释的一个基本前提是法律本身不能是任意的。恰当的法律意味着一视

---

〔1〕 苗力田主编:《亚里士多德全集》(第9卷),颜一、秦典华译,中国人民大学出版社1994年版,第97页。

〔2〕 同上书,第113页。

同仁的法律，即在城邦的整体利益和公民的共同利益面前一视同仁的法律。[1] 其二，法律拥有独立的价值。在解释为何平民大众要比贤良之人具备更大的权力时，亚里士多德指出："因为权力并不掌握在陪审员、议事员或公民大会的成员手里，而是掌握在公审法庭、议事会或平民大众的手里，每一成员只不过是这些整体中的一部分而已。"[2] 虽然亚里士多德并没有将这段话的含义进一步的延伸下去，但我们已经可以略窥法治的独立精神了，因为职位的制度和安排属于法律的范畴，而这段话清楚地表明权力与职位是直接挂钩的，并明确将人的因素排除在权力之外。也就是说，不是人拥有权力，而是人因其职位而拥有权力，因而在法治的环境下所制裁的，并不是一个个劣迹斑斑的人，而是职位下或高尚或卑劣的人的恶行。并且该行为是否认定为恶劣，不是从某个人的人品来看待，亦非从普通人的行为善恶来判断，而纯粹只是出于职位的考量，是指该行为超出或违反了职位的制度和安排。这就是法治独立精神之真谛。此外，应该采用最优秀的法律来统治还是应该选用最优秀的人来统治是亚里士多德反复提及的一个问题。亚里士多德始终没有正面回答，但如果将法治的最高权威和独立价值联系起来理解，会发现这两者也就不存在矛盾，最优秀的人在法治之下进行统治是能够成立的。因此我们就不难理解为何亚氏最后又指出"最优秀的政体必定是由最优秀的人来治理的政体"。[3] 柏拉图创造的是一位无须法律的哲学王，那么将亚里士多德的最优秀的人理解为法治之下的人是否是一种曲解，这将从法治的另一个目的谈起。

最后，法治实现人的平等。事实上，法律远非我们想象的那样温顺，亚里士多德在答复人的统治肯定不如法的统治时，清醒地反问道："可是，法律本身也会带上寡头制或平民制的色彩，又能用什么办法来解决这些问题呢？"[4] 稍有不慎，高度奉行法律可能招致更大的灾祸。为此，我们需要奉行的必须是恰当的法律。恰当的法律不仅仅是为了解决法的任意性而存在，它还必须符合

---

〔1〕 亚里士多德对恰当下过一个定义：所谓恰当即是一视同仁，即在城邦的整体利益和公民的共同利益面前一视同仁。此处即是将"恰当"的定义直接套用在了"恰当的法律"定义中。参见苗力田主编：《亚里士多德全集》（第9卷），颜一、秦典华译，中国人民大学出版社1994年版，第102页。

〔2〕 同上书，第97页。

〔3〕 同上书，第116页。

〔4〕 同上书，第94页。

正当性,即其不是为了统治者利益,而是为了一视同仁的对待城邦的整体利益和公民的共同利益。而一视同仁对待的根本原因,则是基于人的平等。[1] 特别指出的是,城邦的整体利益与公民的共同利益并不是一回事,城邦的目的是尽可能的实现最优良的生活,并非仅仅是公民利益的叠加。实现人的平等,一方面,是出于城邦的利益,更准确地说是为了城邦利益的实现,"因为平等就是对所有同等的人一视同仁,而背离了公正原则建立起来的政体是很难维持其存在的"。[2] 另一方面,是出于公民的利益,这也是最根本的一点,即没有人能够凌驾于他人之上,以一人凌驾于全体公民或一切人之上,既违背了人的自然本性,亦是对公民利益的践踏,因为此时的公民利益将全凭地位更高的统治者来权衡与取舍,事实上也就无所谓公民利益了。人是平等的,但人也是有差异的。在亚里士多德看来,统治者与被统治者拥有同样正当的权利,因此公民之间可以是一种轮流的统治与被统治状态。任何公民都有统治与被统治的机会,但并不代表都能付诸实施,除却现实条件的制约,更多的是取决于公民的自然本性。自然本性并非一种宿命论,而是指人受到的客观物质制约性,亚里士多德以年轻人与年长者为例,年轻者适合于被统治而年长者适合于统治,当年轻者达到适足的年龄后,也会接替统治者。关于这种差别,亚里士多德在其《尼各马可伦理学》中进行了更详尽的论述,这里只是想强调平等的人之间这种差别的存在,按亚里士多德的话来说:"当然,统治者们确实胜过被统治者,这一点无可置疑。"[3] 并且平等是差异的前提条件,可以说亚里士多德用以推翻柏拉图哲学王的正是平等,平等树立了一切公民统治一切公民的逻辑,因而亚里士多德"最优秀的人"也必然处于逻辑之中,也就是法治之下。只有这样,我们才能无矛盾的理解亚氏的这样两句话,即"即使由个人来统治更好,也应

---

[1] 据法国学者让-皮埃尔·韦尔南指出,"法律面前,人人平等"的概念可能要追溯到公元前6世纪末的 isonomia 一词,它指"所有公民都有参与执政的同等权力"。其中"人人"的范围也逐渐由贵族圈子扩展到平民中去。也就是说,这一思想本身比亚里士多德的提出早了数百年。参见[法]让-皮埃尔·韦尔南:《希腊思想的起源》,秦海鹰译,北京大学出版社 2012 年版,第 50~52 页。

[2] 苗力田主编:《亚里士多德全集》(第 9 卷),颜一、秦典华译,中国人民大学出版社 1994 年版,第 258 页。

[3] 同上书,第 258 页。

使其成为法律的捍卫者和监护者”,[1]并且“同样就应承认由最优秀之人当政的城邦不可能不实施优良的法制”。[2]

二、法治理念流变

(一)古罗马:西塞罗的自然、理性与德性

就年代而论,古罗马的《十二铜表法》比柏拉图的理论出现更早,但这并不表明罗马法对希腊法传承的割裂。事实上,公元前450年前后,罗马的首个10人立法委员会奉命起草最早的十表法时,[3]即派遣使者赴希腊学习希腊的立法体系,包括梭伦立法以及其他立法。了解罗马法与希腊法、希腊哲学家的这层关系,是探论罗马法学家法治理论思想的前提,罗马法对希腊法的继承,制度先于哲学家的理论。

制度先于理论,因此罗马的法治理论并不为某一思想所垄断,罗马的思想家是综合吸收了希腊的各家学说并重新认识罗马的制度本身。在思想理论上,作为连接晚期希腊和罗马哲学的斯多亚学派对继承和发展法治理论发挥了巨大的作用,他们将自然与理性引入到学说中,提出“当理性通过更完善的领导而获得我们所说的那些理性存在时,对它们来说,依据理性的生活就正当地成为一种自然的生活方式”,而与自然相一致的生活与“德性的生活是一回事”,[4]从而建立了自然、理性与德性之间的联系。以自然人性推导出普遍的伦理规范,形成世俗自然法倾向,这其中的代表人物即是著名政治家、哲学家和法学家西塞罗。

首先,法作为理性存在因符合自然法而具有最高权威。在西塞罗看来,理

---

[1] 苗力田主编:《亚里士多德全集》(第9卷),颜一、秦典华译,中国人民大学出版社1994年版,第112页。

[2] 关于此句,吴寿彭的译文为:“如果既是贤良为政,那就不会乱法。”此句与前面的引文对照更为工整和便于理解,但出于名词的统一性,仍采纳《亚里士多德全集》中的译法。参见[古希腊]亚里士多德:《政治学》,吴寿彭译,商务印书馆1965年版,第199页;苗力田主编:《亚里士多德全集》(第9卷),颜一、秦典华译,中国人民大学出版社1994年版,第135页。

[3] 《十二铜表法》最早只有十表的内容,另外两表的内容为以后补充。罗马人学习希腊立法的这段历史,可详细参阅古罗马史学家李维(Livy)著《罗马史》。

[4] [古希腊]第欧根尼·拉尔修:《名哲言行录》(下),马永翔、赵玉兰等译,吉林人民出版社2011年版,第368页。

性是神与人所共有的,自然法是神的理性,它以公民的幸福和安全为福祉,代表了正义与非正义之间的区分,作为人的理性的人定法,只有符合自然即理性才能具备至上的权威。人的理性并不全然意味着正义,“把所有基于人民的决议和法律的东西都视为是公正的这种想法是非常愚蠢的”。[1] 因此自然法高于人定法,不符合自然法的人定法归于无效。然而当法律符合了自然法,那么权力则应屈居于人之下。“犹如法律指导官员,官员也这样指导人民,因此完全可以说,官员是说话的法律,法律是不说话的官员。”[2]事实上,权力对不正义的法也不可任意违背,只有智慧的人才能辨识真正的法,权力不能作为突破法律的理由。

其次,法治思想中人的主体地位的确立。罗马法律对希腊法律的因袭,决定了两者的法律都以国家至上为根本信条,公民生活的各个方面都处于国家控制之下,并不因政权的改变而弱化。“政府可以是王政、贵族政治或民主政治,但所有的革命无一能给人以真正的自由、个人自由。”[3]然而,或许是对风雨飘摇的罗马共和制的反思和理念上的救赎,西塞罗在解释法的本质问题中展现了对人的主体地位的肯定,以理性而非国家为唯一目的。一方面,与亚里士多德一样,西塞罗也主张人的平等。作为斯多葛学派将哲学理念融入法学领域的重要奠基者,西塞罗同样指出人的平等源于自然,人之所以能被界定为人就代表就其本身而言人类不存在差异,人拥有的理性使人具有同质性,也即是说,理性为所有人类所共有。他进一步指出,这种平等仅是权利方面的平等,由法律所确定,人在才能上的差异现实存在,因而权利的平等区别于绝对的均等。另一方面,人因其理性而具有主体地位。自然、神与理性是一体的,也都代表了一种永恒的存在。“因为法律即理性,因此应该认为,我们人在法律方面也与神明共有”。[4] 正如国家的存在以符合理性为归依,人也因与神共有理性而成为了在自然法中符合理性的存在,从而确立了人在现实中的主体地位。西塞罗将国家比作人民的事业,指出“常常是‘人民的事业’力求从

---

〔1〕《西塞罗文集(政治学卷)》,王焕生译,中央编译出版社2010年版,第168页。

〔2〕同上书,第217页。

〔3〕[法]菲斯泰尔·德·古朗士等著:《古代城市 希腊罗马宗教、法律及制度研究》,吴晓群译,上海人民出版社2012年版,第250页。

〔4〕《西塞罗文集(政治学卷)》,王焕生译,中央编译出版社2010年版,第161页。

国王和元老们的统治下摆脱出来,而不是自由的人民需要国王或贵族们的权势”。[1]

最后,法治体现人民权利对行使国家权力的制衡。在《论共和国》中,西塞罗将国家政体根据统治者人数的不同划分为王政制、贵族制和民主制三种,并极力主张包含三种政体因素的混合政体,也即罗马现存政制的理想模型。西塞罗把支持混合制的理由归纳为两点:自由的人们需要的公平性和维持政体不被破坏的稳定性。就如何维持国家的稳定,他指出:“如果一个国家不存在权利、义务和职责的公平分配,使得官员们拥有足够的权力,杰出的人们的意见具有足够的威望,人民享有足够的自由,那么这个国家的状态便不可能保持稳定。”[2]其中不难发现人民的自由和权利所具有的核心地位,它既构成了政体形式的直接原因,亦是政体组成的原因之一。因而,全部国家事务的管理也都需要得到人民的赞同,西塞罗甚至从语义学的角度声称为限制国王权力而设置的执政官(consul)一职源自协商(consulere)。[3] 遵照自然人的权利原则,各项具体法律制度的采用也不再以统治权的行使为准则,人民的意愿同样扮演了重要的角色。以摧毁贵族权威的票版表决法为例,西塞罗论述道:“当人民享有自由时,从来没有感到需要这条法律,但是当他们处于显贵们的统治和权力的压迫之下时,便坚决要求这样的立法。”[4]基于人的自由,人民权利的行使构成了限制国家权力的主要方式。

如果说亚里士多德的《政治学》产生于雅典共和制的没落期,那么西塞罗的《论共和国》则伴随着罗马共和制一同陨灭了。奥古斯都开启了罗马帝国的大门,以后的罗马人“重要兴趣是发现和规定那些作为私有财产的抽象关系的关系”[5],自公元529年,查士丁尼大帝关闭雅典的所有学院,法治思想似乎

---

〔1〕《西塞罗文集(政治学卷)》,王焕生译,中央编译出版社2010年版,第34页。

〔2〕同上书,第78页。

〔3〕与之相对应的则是国王所具有的暴君特色。由于这部分出自西塞罗的文献不完整,原出处为奥古斯丁所著《天主之城》。由于版本不同,我国台湾地区学者吴宗文采用的译本对应的拉丁词汇为Consules和Consulendo,在此予以特别说明。参见[古罗马]圣奥古斯丁著:《天主之城》上册,吴宗文译,吉林出版集团有限责任公司2010年版,第162页;《西塞罗文集(政治学卷)》,王焕生译,中央编译出版社2010年版,第76页。

〔4〕《西塞罗文集(政治学卷)》,王焕生译,中央编译出版社2010年版,第232页。

〔5〕《马克思恩格斯全集》(第1卷),人民出版社1972年版,第280页。

随着它的哲学之门一起关闭了,随之而来的,是长达约1000年的中世纪黑暗。

(二)中世纪:阿奎那的上帝、法与权力

中世纪是法治进程中不可忽略的时代,在这长达1000年的时间跨度里,它直接脱胎出现实制度中对王权的控制,使权力居于法(实际上更包括神)之下,形成了现代法律至上的理念。就法治理念而言,它的发展是缓慢且令人窒息的,这与中世纪宗教对人的精神和思想的束缚相一致。我们无法想象教皇褫夺君主的至高王权是出于对法治理念的追求而非权力的争夺,因此,本书更愿意将中世纪纳入法治化进程中去论述。然而当法治化在朦胧的孕育阶段时,我们却不能忽略一位对中世纪具有非凡意义的"神学界之王"托马斯·阿奎那(以下简称阿奎那)。"中世纪法律与政治理论的突破性进展肇始于托马斯·阿奎那",[1]他率先把理性融入基督教,论证了上帝的权威与自然法则之间的关系,不仅丰富了神学的内涵,也给法治思想注入了新的活力。

首先,构建了和谐包容的法治体系。阿奎那所处的是一个在思想上乃至整个欧洲将要产生巨变的时代,国王权力显著加强,民众政治热情高涨,正是在这样的政治夹缝中建立起了他调和各方力量的一统的精神体系。有学者指出,它的基督教精神体系是具有跨时代意义的:"因为它表达了将要决定直至今日的西方政治史的那些力量:以宪政方式组织起来的人民,资产阶级商业社会,宗教改革所坚持的唯灵论,以及科学理智主义。"[2]阿奎那所构建的法治体系也体现了这样的包容。与奥古斯丁不同,阿奎那并没有把上帝之城与地上之城截然分开,而是运用理性将神性与人性串联起来。永恒法、自然法、神法和人定法是阿奎那对法所做的基本分类,其中自然法即是上帝在参与创世的过程中将上帝的部分理智结合于人和现实世界,因而自然法代表了人的理性,人也应受其管辖。神性与人性在自然法中的结合,一方面使自然法的合理性诉诸永恒法,另一方面又实现了自然法作为本体的存在。人定法以自然法为依据,不符合自然法的现实法人们有权对抗和推翻,合法的人定法符合:"第一,法的目的是为公共福利(目的因);第二,由合法的人或集团所立

---

[1] Eric Voegelin, *History of Political Ideas*, *Vol. II*: *The Middle Ages to Aquinas*, Columbia, University of Missouri Press, 1998, p. 171.

[2] [德]沃格林:《中世纪(至阿奎那)》,叶颖译,华东师范大学出版社2009年版,第253页。

（动力因）；第三，所命令之事是合情合理的（质料因）；第四，要看守法者的能力、条件、情形，该法是否能合理地被遵守（形式因）。”[1]阿奎那的人定法理论作为其法治体系最后的一环充分体现了对神性、理性、人性共同所应有的尊重。

其次，人的存在与自由确立了实质正义的法治理论。在阿奎那看来，人本性自然而归向天主，自然本体的存在决定了人本体的存在。进而，阿奎那对人性作了更详尽的解说，指出人作为有智性的实体而区别于世间万物，并基于智性而拥有自由，“自己有自己行动的自主，乃是有行动的自由：因为自由者，是自己现实行动的原因”。[2] 人的自由出于人的本性，这一认知上的突破意义重大，实际上，我们会惊讶地发现，通过对人本身存在的肯定，阿奎那为现代法治理论中所强调的实质正义亦打开了缺口，他指出：“法律是后天的。人行为的正当与否，却是先天的。法律的正当与否，系于它是否遵行先天的物性之自然，扬其善而抑其恶。”[3]

最后，对权力的服从而非制衡构成了制度安排的主旋律。受到亚里士多德的启发，阿奎那也主张君主制、贵族制和民主制的混合政体，认为人治易流于腐败而需要法治，并指出：“就法律的支配能力来说，一个君主的自愿服从法律，是与规定相符合的。”[4]然而单就世俗权力的配置上则显得过于保守。在阿奎那看来，“制定法律，是‘治理’的本务”，[5]而人作为本体的存在，本身是有差别的，根本上说，是一种上下之别。人因智力、觉力（身体器官的知觉能力）和体力上的差异而区分开来，以智力的优越为最高，觉力次之。“智力优越的人，自然主持事物的治理”，[6]其他人自然相应的处于服从地位。与其同理的是，拥有全智的上帝治理万物，没有任何智力的兽类服从人类。事实上，这种唯智至上的秩序观，已经完全将“从下而上”的权力制衡扼杀在摇篮里，不仅如此，这一理论还为奴隶制度提供了辩护。

中世纪以阿奎那为分水岭，相继发生了一系列重大事件和理论革新，法

---

〔1〕 刘素民：《托马斯·阿奎那自然法的形上架构与神学意涵》，载《哲学研究》2005年第9期。

〔2〕 [意]圣多玛斯·阿奎纳：《论万事》，吕穆迪译，安徽人民出版社2013年版，第437页。

〔3〕 同上书，第491页。

〔4〕 [意]托马斯·阿奎那：《阿奎那政治著作选》，马清槐译，商务印书馆1963年版，第122页。

〔5〕 [意]圣多玛斯·阿奎纳：《论万事》，吕穆迪译，安徽人民出版社2013年版，第445页。

〔6〕 同上书，第301页。

治理念伴随着法治制度取得了飞速的进展，神治被推翻，现代法治逐步开始兴起。

三、中国法治理念的碎片与延续

（一）法治理念与文明的延续

进一步的追问是，既然希腊是西方法治理念的源头，欧洲大陆是法治文明的发祥地，按照普遍流行的东西方文明分界线地划分，那么该怎样或者说可以怎样看待当今中国的法治现象与东西方文明的关系，这实际关系到一个更为重要的问题即如何给予中国法治一个准确的定位用以指导中国的法治建设与法治理论的发展。

19 世纪以后，每一个中国人对中西文明的差异都有着切身的体会，它不仅事关晚清朝堂上的争辩、五四时期新文化运动的目标、口号和内容以及 20 世纪三四十年代“中国文化出路”问题大论战的焦点，更普遍的还体现在每一位家庭妇孺对洋枪、洋火、洋布从认识到意识的改变。西方社会物质上的普遍优越性是显而易见且不容否认的，因而一个自然形成的观念即认为西方社会是一个更为发达的社会，包括法律在内的西方社会生活在各个方面都代表了一种更为先进的文明。一个有趣的逻辑是，倘若我们认识到东西方文明的确存在差异，并接受洋火在现实使用上更为便捷有效的观念，那么我们是否应该像淘汰中国旧有取火方式一样淘汰掉整个中国传统的法律制度而以西方法治取而代之？中国人回答这一问题需要勇气，西方学者们则在这一问题上不遗余力的从理论上加以肯定，一项代表性观点即“文化普世论”，试图将西方的社会价值描绘成唯一正确或相对先进而应在全世界普遍适用的价值，那些从文化上对这种普世文化价值的偏离意味着反文明的社会倒退，这也是美国以自身的民主观与人权观丈量他国法治的理论基础。尽管在亨廷顿的构想下，“普世文明”的概念已从理想的人类文化过渡到“容纳全世界的民族认同”的理想的全球性文化，赋予了“普世文明”具有广泛认同的现实基础，然而，他的理论并不是以现实多样化的世界文明的发展为基础，而仅仅是以朝向理想的普世文明的发展为目标，因而最终对普世文明的实现可以与西方化理论并行不悖，并将西方化与地缘政治紧密结合起来。亨廷顿指出，在追求西方普世主义过程中，以美国为首的西方国家针对以中国和部分伊斯兰教国家为对象的非西方文明,主要采取了三种策略来保障西方社会的价值和利益,即限制其武器扩散、从人权和民主制度方面抨击这些国家的政治价值和体制、限制这些国家的移民和难民入境。我们会发现,这些为促进西方普世文明的措施不仅将他国利益完全抛诸脑后,即使在对非西方国家的政策中也有着完全迥异的实施标准。亨廷顿指出,亚洲文明与美国文明间"冲突的根源是社会和文化方面的根本差异"。[1] 这些差异包括权威统治与自由、等级制度与平等制度、专制与民主以及国家至上主义与个人主义等,概念对比中的前者是亚洲文化的固有标志,后者则是美国文明的坚定信念。

亨廷顿的错误在于,如果不绑架一种以自我为中心的国家利益,文明的冲突(如果存在)不可能是国家间的冲突而应当是自身文化价值上的冲突。以令西方国家倍感自豪的市场经济制度为例。假使中国的社会主义制度顽固的排斥市场经济(当然事实并非如此),这实际上表示的是社会主义制度或者说体现非西方文明的社会主义制度与市场经济的不相容,但若描述成是与美国的市场经济不相容,这话本身就让人感到匪夷所思。它似乎表明除了美国式的市场经济,一概都不应加以适用,但事实是,新的国际经济秩序尚在建构当中,美国的市场经济在全球化的浪潮中仍处于探索阶段,它至少不能被看作一种正确而完善的市场经济模式。此外,那些意图以美国构建的经济秩序马首是瞻的观点,似乎还忘却了美国前国防部长迪克·切尼发出的警告,"'美国在必要的时候使用武力是关系到美国切身利益的',可以'防止在未知的将来出现另一个全球性竞争对手'"。[2] 此时,一向被冠以鼓励自由竞争而体现其优越性的市场经济突然间处于一种维持不平等地位的外交政策之下,市场经济背后那只看不见的手由此变成了赤裸裸的拳头,自由市场的神圣性在此番言论下早已荡然无存。同时,这段话再明白不过的表明,一旦在价值前出现国别的修饰词,一旦它不是为了强调某种区别而是为了施加某种强制,说明他往往捆绑上了政治与利益,不再是纯粹的价值本身。

---

〔1〕[美]塞缪尔·亨廷顿:《文明的冲突与世界秩序的重建》,周琪等译,新华出版社1998年版,第250页。

〔2〕[英]阿列克斯·卡利尼科斯:《反资本主义宣言》,罗汉等译,上海译文出版社2005年版,第38页。

因而,堂而皇之的将西方化绑架于现代化的观点是一种典型的打压理性的思维方式,是出于对一国公民作出自己理性选择的蔑视心态,以启蒙运动开启民智的西方学者们显然是忘了康德这位启蒙前辈的劝诫,即"一个时代不能联合起来,共谋将下一个时代置于一种状态,使其必然不可能扩展自由的知识(尤其是十分迫切需要的知识),涤除错误,并且一般来说在启蒙上继续进步"。[1] 因而在这一问题的认识上,中国的领导人邓小平显然比亨廷顿看得更远,理解也更为深刻。早在以西方化作为普世文明载体的西方学者们向中国法治建设发难前,他在总结中苏两党几十年有关马克思主义、社会主义理解的争论中即已指出:"在革命成功后,各国必须根据自己的条件建设社会主义。固定的模式是没有的,也不可能有"。[2]

法治文明应该是对真正纯粹法治理念地探索,并在探索中不断涤除我们对法治的错误认知。我们对法治的探索包括虚心接受来自外在的正确认知,同时更应当是主体性的实践理性,新黑格尔主义法学代表人物柯勒(Kohler)将法律看作文明现象的部分并在具体的时间轴与空间轴中将法律与文明地关系解释为"从过去看,它是文明的产物;从现在看,它是维系文明的一种手段;从将来看,它是促进文明的一种手段"。[3] 柯勒继承和发展黑格尔以文明看待法治的理论富有启发意义,中国的法治建设体现为理性指导下以现实为基础的世界文明发展的需要,大致上也应当是基于这种洞见,本书以文明的视角看待中国的法治理念与法治建设,包括以下三个方面:

1. 法治理念应为人类共有,我们理所应当拥有自己的法治理论。这句话实际上又包含了两层意思:

首先,事实表明某些价值并不一定是自发生长与发展的,它的产生往往与环境有着密切的关系,但并不妨害其成为人类共有的理性。萨孟武在梳理西方的民主制度时就指出过:"吾国古代没有'多数'与'代表'的制度,因之先哲

[1] 李秋零主编:《康德著作全集》(第8卷),中国人民大学出版社2010年版,第43页。
[2] 《邓小平文选》(第3卷),人民出版社1993年版,第292页。
[3] [美]罗斯科·庞德:《法理学》(第3卷),廖德宇译,法律出版社2007年版,第4~5页。

就没有民主思想，这不是吾国先哲思想不如希腊，而是因为吾国环境与欧洲不同。"[1]法治理念当然也遭遇了民主理念同样的窘况，地缘的隔绝使中国传统的法律体系与西方法律体系的差异显得分外分明，这种差异最初在清王朝看来仅仅是有关现实法律制度的，但民众很快意识到不仅仅是实在法，它还关涉整个政治制度与社会制度的理念，民主与法治价值的彰显与被压抑为清王朝的覆灭埋下了祸根，它反过来又证明了继受的理念不仅能够获得认同，更会在内在的认同中获得力量，并根植于民众的普遍理性之中。虽然法治理念没有在我国系统性地自发生长出来，然而在现代化的进程中，我国在客观上确已继受了法治理念，法治概念不仅频繁地出现在各项国家政策与政府报告中，各级地方政府也都以积极推行法治作为其行动纲领及合法性的抗辩理由，法治的基本理念早已成为中国社会不可逆转的发展力量。

其次，因袭得来的被认为有益的价值并不表明可以将其来源奉为金科玉律，更不能当作完善的最高理性，法治的真谛必须是多样性的求证。"有种误解认为普遍应用的原则应该有普遍性的内容。历史经验告诉人们公正的要求更体现多样性而不是统一性。"[2]也就是对非理性的适度宽容与对实践的宽容。历史证明，具体时间与空间下普遍应用的某些法律原则除非安于静止状态的自我陶醉并导向自我灭亡，那么它必然是从自发的或来自外部的力量打破过于普遍以致达到垄断的内容以实现法律发展，求得存续。具体来说，我们对事物真理多样性求证道路的证成远不止来自希腊先哲们对有限理性的观点，赋予其更为深刻含义的应当是来自尼采的呐喊："上帝死了！"[3]他意图表明人是理性的主体，不仅意味着对神的理性的垄断性地破除，它同时还昭示着理性应当是绝对自主的，是理所当然对他者理性地破除并最终以客观精神为

---

〔1〕 这个环境，既包括自然环境，也包括社会环境。萨孟武认为古代中国由于常年水患，自有历史记载的尧舜时代就是一个领土大国，较难形成原始的"多数"制度。希腊的"多数"制度为满场一致与决斗的替代方式。而"代表"制度的发起者马西僚则借鉴了教会制度中教徒的开会方式，成功解决了大国"多数"制度的障碍。参见萨孟武：《中国政治思想史》，东方出版社 2008 年版，绪论第 10～12 页；[美]威廉·邓宁：《政治学说史》（上卷），谢义伟译，吉林出版集团有限责任公司 2009 年版，第 126～129 页。

〔2〕 [英]阿列克斯·卡利尼科斯：《反资本主义宣言》，罗汉等译，上海译文出版社 2005 年版，第 82 页。

〔3〕 Friedrich Nietzsche, *The Gay Science*, trans. by Bernard Williams, New York, Cambridge University Press, 2001, p. 109.

终极价值追求。“理性必须把这个绝对主体预设为自己的自主权的基础。一旦解放了的(或者用尼采的概念,自由的)精神认识到它的自由已经不可挽回地脱离了客观精神的普遍性,启蒙之光也就熄灭了。”[1]尽管我们并不希望由此导出一种超人哲学,但除非我们坚信西方文明对法治价值的理性认知达到足以完全抛却中华法律文明几千年的探索(就客观精神的理性发展而言,这实际上也不是完全没有可能的,正如我们当年放弃太阳围绕地球旋转、皇帝是天之子的普遍认知一样),那么对自身法律文化自我否定的观点实无必要。而就积极角度而言,东西方法律文化的差异正是我国法治思想创新的源泉,对中华法系传统的继承与超越构成了对西方现有法治理论发展的重要素材,即便如普世文明论者所鼓吹的那样,全球文明蕴含着趋同的趋势,那么这样一种趋势至少应该是自我发展的趋同而不应当以一种文明运用某种强制消灭另一种文明以阐释他们实践的同一性。

2. 文明在于创造,创造中国法治理论是必需也是必然的趋势,无论它以何种法治文明为基础。民国学者陈序经在反对“文化亡,则民族亡”的荒谬论调时即已指出:“这种意见的错误,是在于不明了文化乃人类的创造品,民族精神固然可于文化中见之,然他的真谛,并不在于保存文化,而在于创造文化”。[2]以此说来,从仓颉“始作书契以代结绳”起,甲骨文、钟鼎文、石鼓文、绢帛简牍等均能代表中华文明,然而它们同时也是沉淀了的文明,文明之延续在赋予其存续之生命力,而存续之生命力则在改进与创造。古罗马先哲卢克莱修在论述文明的起源时就指出人类文明肇始于男女的结合,随后发展到家庭生活、社会生活,在探知自然、探知社会的同时也改造自然、改造社会,“这样,时间就把每一件东西慢慢地逐一引进到人类面前,而理性则把它升举到光辉的境界”。[3]因而文明发展的载体就是人类的具体实践,人们生产青铜又以铁器取代青铜,都代表着这样一种文明的发展轨迹。而法律文明同样反映的是这样一种具体实践,以立法的本务为发现法律而非创造法律而言,柏拉图认为家庭法为最早的法律实在是从法律角度与卢克莱修实践观的相互印证。柏拉图

[1] [美]詹姆斯·施密特:《启蒙运动与现代性——10世纪与20世纪的对话》,徐向东、卢华萍译,上海人民出版社2005年版,第384页。

[2] 陈序经:《中国文化的出路》,岳麓书社2010年版,第101页。

[3] [古罗马]卢克莱修:《物性论》,方书春译,商务印书馆1981年版,第350页。

指出："创建任何社会的第一步肯定是婚姻关系"，"假定某个社会的立法是健全的、正确的、那么它必定始于婚姻法"。[1] 以发现法律而非创造法律的角度来看待中国法治理论的创造，则表明的是法治理论的开放理念，一种看待传统中华法系消亡的态度可以是将之视作来自强大外部力量推动的法律发展进程，正如康德对人类历史进程开端所作的总结，"如果人们关注的是人的类规定，这规定无非在于向着完善性的进步，无论最初甚至在其一长列成员中前后相继地实现这一目标的尝试结果多么有缺陷，那么，人通过这场变化是有所得还是有所失，可能就不再是问题了"。[2] 因此文明的延续向来都是人的类的规定面向未来的事业，法治理论在文明中生根的唯一途径也从来都是寓于文明开放性地创新旅程。

3. 文明本就是相互影响相互渗透发展着的，这就为中国法治理论的形成提供了可行的模式。人类多样化的历史发展进程并为使法律形同国家与特定地域一样完全的独立，对希腊来说，古埃及法的重要性不仅在于梭伦的立法直接借鉴了古埃及法律制度，柏拉图、亚里士多德的法治论述中，也多以古埃及法律体系为参照。而传承变革于古巴比伦法的希伯来法和中世纪天主教教会法对西方法律文化同样产生了重要影响，古巴比伦法律的三大趋势即"由天断到人断""从严酷到温和""从坐牢到罚金"[3] 都为现代法治理论所继承并进一步发展。历史学家雅斯贝尔斯则分别从历史性事实、统一理论本身的意义与目标以及对人类社会整体理念的思考这三个角度，论证了人类历史发展的统一进程。[4] 在指向统一的事实中，人类历史的统一就是达成理解的无限意愿。除了超越生物心理学认知水平的人类本性统一外，时空的统一性则是人类历史发展事实的另一个客观因素。为克服实践多样性起源，人类历史过程虽伴以周折却仍是交流的发展。以一国法律发展为例，交流使家族与家族间的冲突由家族的家法演化为村民自治中的乡规民约，并使区域与区域间的冲突由乡规民约演变为国家法律，而在国家法律中区域与家族的差异因实践多

---

〔1〕［古希腊］柏拉图：《柏拉图全集》（第3卷），王晓朝译，人民出版社2003年版，第481页。

〔2〕李秋零主编：《康德著作全集》（第8卷），中国人民大学出版社2010年版，第118页。

〔3〕参见［美］威尔·杜兰：《世界文明史》（第1卷上册），幼狮文化公司译，东方出版社1999年版，第256页。

〔4〕Karl Jaspers, *The Origin and Goal of History*, trans. by Michael Bullock, New Haven and London, Yale University Press, 1953, pp. 247－265.

样性仍持续的存在,最后形成统一意识的国法家规。而在更广泛的不同文明间的意义上来说,工业革命以后的国际贸易与战争客观上促进了全体人类的大规模交流,“各个民族的这种交流表明了人类持续地共同成长,表明了通过从人类意识并最终到人类行为的正结合为一体的地球而建立统一”。〔1〕

然而基于交流而统一的人类意识似乎也并不理所当然的克服了新的交流阻碍,因而法治建设不仅要认识到人类实践的多样性与统一性,还需认识到统一性之下客观存在的封闭意识取向,并仍以实践而非“存在的统一”作为克服周折的基础。譬如,学者许倬云就从史学的角度意识到学科领域还存有这样一种封闭的倾向,“本国史及西洋史(有时虽名为世界史,实则仍是西洋史),两者之间,各守畛域,罕见流通,毋论史学观念,即使史实的同步比较,也不常见”。〔2〕许倬云的总结是精辟的,我国最受波及的法史学科就表现出了这样一种倾向,即一般而言严格的区分了中国法制史与外国法制史。且这种封闭意识的倾向不唯中国,西方的治史学者也多有所出,譬如,对世界史按上古、中古、现代的分期,以及对国家性质的描述无不是以西欧的区域性经验为准则,但实际上无论是国家的权力结构还是运行方式,所谓的封建制国家定义在亚洲诸国与西欧都存在根本的差异。所谓“存在的统一”仅指形成统一的现实存在,既不意味着一定程度上统一的理想形式,也不意味着交流达成统一的正确方式,几乎在以往所有文明中都存在过的奴隶制是其典型的反面例证。通过交流达成的法制统一在国家实践中早已被证明了其不确切的特性,而没有任何迹象表明以突破国家范围的交流得以确保所达成统一的正确性,这是法治建设最终以自身实践为基础的第二个原因。因此法治建设既要充分利用交流的指向,又不能以其作为理论构建的基础(后文还将从理性的角度表明以“存在的统一”为基础的反理性特性),故前国家领导人邓小平的总结应当对法治文明交流与建设仍是普遍适用,即“我们的现代化建设,必须从中国的实际出发。无论是革命还是建设,都要注意学习和借鉴外国经验。但是,照抄照搬别国经验、别国模式,从来不能得到成功。这方面我们有过不少教训。把马克思主义的普遍真理同我国的具体实际结合起来,走自己的道路,建设有中国特色

---

〔1〕 Karl Jaspers, *The Origin and Goal of History*, trans. by Michael Bullock, New Haven and London, Yale University Press, 1953, p. 254.

〔2〕 许倬云:《中国文化的发展过程》,贵州人民出版社 2009 年版,第 16 页。

的社会主义,这就是我们总结长期历史经验得出的基本结论”。[1]

(二)熠熠生辉的理念碎片

我们将自己的法律文明与法治文明接洽,如果这一过程被实践证明是正确的选择,那只不过在证成法治目标作为法律发展方向的正确性,那些借此以抹杀其他文明并鼓吹西方化的思想,正如汤因比所作总结,概源于三种错觉,即“自我中心的错觉”、“‘东方不变论’的错觉”以及“说进步是沿着一根直线发展的错觉”,[2]且在三种错觉交织形成过程中方得成立。而实质上,这其中的任何一条都是不容易证明的。本书认为如果把世界的法治进程比作滚滚流淌的大河,那么正如长江的源头不只是最初的沱沱河,还应当包括岷江、嘉陵江等支流源头,由此才能汇聚成波涛滚滚的长江。法治理论的长河当然是可以包括希腊以外的源头与实践,只要我们的文明不曾断绝,我国当然有可能创造出法治理论的源头。

1.“以法治国”的法治观

以现代法治的理念回望延续数千年的中华法系的实践,即便认为先秦以来存有所谓的“法治”思想,中国古代所称的“法治”与现代法治观念的显著差异也应当是毋庸置疑的。一般认为对中国“法治”思想的准确称谓为源自先秦的“以法治国”。继管子明确提出“以法治国”[3]概念后,商鞅的以法治国思想又具体包括“缘法而治”“据法而治”“垂法而治”“任法而治”[4]等方面的内容,而其中的“任法去私”[5]思想,更是强调了“为天下位天下”的政治主张,指出不顾法度将促使“大臣”只顾私利不顾民众的“私天下之利”的行为,是导致国家灭亡的根源。而至韩非子不仅相对完善的提出了“法”“术”“势”相结合的以法治国理论,还具体阐述了两个方面的思想:首先,理性判断(也包括道德)与行为的选择并不是一一对应的,懂得守法的必要性而内心服从法律也并不等于能真正做到现实的守法。其次,法律是统治者实施统治的有利工具,其根本是作为保障统治权的效力与持久力的一种可行方法,即“巧匠目意中绳,

---

〔1〕《邓小平文选》(第3卷),人民出版社1993年版,第2~3页。

〔2〕[英]汤因比:《历史研究》(上),曹未风译,上海人民出版社1966年版,第46页。

〔3〕《管子·明法》。

〔4〕《商君书·君臣》《商君书·更法》《商君书·壹言》《商君书·慎法》。

〔5〕《商君书·修权》。

然必先以规矩为度；上智捷举中事，必以先王之法为比，绳直而枉木斫，准夷而高科削，权衡悬而重益轻，斗石设而多益少；故以法治国，举措而已矣”。[1] 汉以后，中国进入杨鸿烈所谓“儒家独霸时代”，提倡规范权力而非制约权力的法家思想的地位被进一步削弱，“德主刑辅”“礼法合一”的儒家法律观念成为主导且自此“两千年来在儒家思想支配下的中国法律内容全体的根本原理，实在没有什么重大改变和冲突的地方”。[2] 例如，东汉的道教典籍《太平经》将“法治”列为“助帝王治”的10种方法之第九位，堪称末流治术。

2. 似是而非的法治文明

对法治的一种普遍解释是认为法治等同于法的统治与以法而治之和(rule of law = rule under law + rule by law)。[3] 按照这种理解，单从内容上看，那些已消亡的世界各国法律体系至少可看作对以法而治做出的杰出贡献，然而如果结合法的统治来看，法治与以法而治无论就含义还是理念实际上都存在较大的差异，且两者的差异并非仅仅就程度而言，还时常是直接性质上的对立冲突，一项维护统治者个人利益的立法或者一场运用最高行政权力进行改判的司法裁决，都足以对一国的法律与政治制度作出定性的评价。除法家尚法贵公思想外，自孔孟起，肯定人民重要性的民本思想在后世帝王中亦不乏追随者，譬如，唐太宗李世民以舟水之喻对皇子们的告诫：“舟所以比人君，水所以经黎庶。水能载舟，亦能覆舟。”以及以割股啖腹之喻对官员的告诫：“为君之道，必须先存百姓。若损百姓以奉其身，犹割股以啖腹，腹饱而身毙。”[4] 然而肯定法律的必要性和重要性不等于肯定法律的最高效力，“朕即天下”“法自君出”的统治原则不仅使人民的主体地位无法确立，同时即便将法上升到“天下之法”的高度，当最高权力与国法相冲突时，“天下之法”仍必然屈服于最高权力做出的决断。除多次干预大理寺的司法程序外，在党仁弘贪污一案中甚至直接以上谕撤销了大理寺所作判决。其后，唐太宗的一份《罪己诏》则显得颇有戏剧性，他指出：“朕有三罪，知人不明，一也；以私乱法，二也；善善未赏，恶恶未诛，三也。”其中的第二点“以私乱法”不仅是客观的陈述，且与其一贯

[1] 《韩非子·有度》。

[2] 杨鸿烈：《中国法律思想史》，中国政法大学出版社2004年版，第96页。

[3] Sammy Adelman、Abdul Paliwala ed, *Law Crisis in the Third World*, London & New York, H. Zell, 1993, p. 17.

[4] 《贞观政要》卷四，《贞观政要》卷一。

主张的"法者,非朕一人之法,天下之法"的法制思想明显背道而驰。从这一角度而言,不难理解以残暴著称的隋炀帝杨广亦有"民惟国本,本固邦宁"[1]的言论,而清圣祖康熙在强调"君道爱民"[2]的同时,其满朝文武却仍以奴才自称。因而本书认为以上这些由传统中国法律秩序生发出来的似是而非的法律文明并不能体现为真正的文明法治而仅停留在法制文明阶段,这样说并不意图否认中华传统法律文明的应有价值,然而如果将这些法制文明当作是先天综合判断而非严格限制于经验判断层面,即仅以内容的差异来划分依法而治与以法而治的边界,那将是彻底误解了法治的现代意蕴。从广义的角度来说,法治发展就像三腿凳——如果想要站立则所有的三条腿皆为必须。首先,必须要有适当的法律以建立司法行政机构。其次,这些机构必须是成立且运行,并且必须是能胜任的、训练有素的人们运转着它们。最后,法治必须有政治上的支撑,也就意味着在一个民主国家人们必须理解、支持以及遵守它。[3] 正是政治理念的革新赋予了法治性质上的飞跃,使以法而治必须以法的统治为前提,我们也可以认为,包含法治发展的良法问题在一定程度上也包含了与政治相关的发展潜能。

3. 再寻法治文明的出路

要走出晚清至民国以来一种悲观的文化情绪,至少需要真正找出中华法律文明与严格意义上的法治文明是否具有某些共通之处。根据上文对法治的基本描述,一个最为基本的共识应为法律对一切权力的绝对主导地位。回顾中华法系的进程,并不乏对各项公共权力的约束与监管,在司法权隶属于行政权的权力结构中,中国古代的司法体系甚至出现了在重大案件中为体现公正而重新分配司法权的三司会审制度乃至九卿圆审制度,同时还形成了一套高度发达的监察制度。然而对君主权力这一最高权力的限制,正如对"以法治国"所进行的不完全陈述,法治的制度化却始终未能形成。尽管如此,法治的理念是否以及在多大程度上可能存在则是另一个问题。

具体而言,本书认为,北宋时期赵普"天下之刑赏"的提出或许是我国法治理念的一次重大突破。"天下之法"概念本身远早于北宋,譬如,上文提到唐太

---

[1] 《隋书·炀帝纪》

[2] 《清圣祖实录》,卷二三四。

[3] John M. Walker, "Advancing the Rule of Law Abroad", *International Lawyer* 43, 2009, pp. 63-64.

宗就明确地提出过“法者,非朕一人之法,天下之法”,其侍御史李乾祐忤逆皇命坚持以国法处决犯人的疏奏中也以这一思想作为抗辩理由,即“法令者,陛下制之于上,率土尊之于下,与天下共之,非陛下独有也”。并最终以太宗的妥协而使国法得以施行。而与之极为类似的是发生在北宋君臣之间因官员升迁问题引发的争论。当宋太祖坚持因个人喜好拒绝为某一官员迁官时,赵普指出:“刑以惩恶,赏以酬功,古今通道也。且刑赏天下之刑赏,非陛下之刑赏,岂得以喜怒专之。”[1]虽然这次争辩最终同样以君主的妥协而结束,然而本书认为两场争辩中其“天下”的含义是有所发展的。李乾祐的观点毫无疑问是以权力为出发点,即法律出于权力而为所有人共同遵守,因而其天下之法是对法的客观描述,且最终是以维护权力为归依。而赵普眼中的刑赏,则出自“古今通道”,因而“天下之刑赏”是以符合体现一定程度理性的“古今通道”为依据,并以此来抗衡君主的专权。“古今通道”的意义在于它虽然不能通过对自身的解释突破权力的束缚,但如果按彼时的理解法应出于君主意志或法是君主正确行使权力的方式才谓之“通道”,那么现代的“通道”则同样可以表述为法应高于权力并控制权力,法的效力最终依附于“古今通道”而非权力,由此“天下”事实上被赋予了理性的意味。我国学者许倬云对“天下”的发展历程同样寄予厚望,他从人类文明发展历程的不同点以更宏观的视角阐述了中华文明的延展性,即“两河流域的经济共同体以神庙为中心,以事奉共同体的保护神为认同的方式。中国古代聚落早就密集分布,每一村都有附近的邻村,无须成为共同体。两者之间,遂有不同的群体观念。中国的聚落集合为部落、为国家,以致终于成为‘天下’,这一连串的发展过程延续进行,中国无须停留在古代城邦,或近代的民族国家”。[2] 而从实践的角度,庞德亦在评述美国的政府理念时同样表达了法治文明在发展进程中本不存在的鸿沟而皆处于无限接近的探知,他指出政治和法律是实践科学,并实现诸多不具有完美逻辑的实践。爱因斯坦启示人们:我们生存在一个弯曲的宇宙,这个宇宙中没有直线,没有平面,没有直角,没有垂线。但我们并不因为这个原因而放弃测量。为了实践活动的目的,事物足够接近于几何学的假设。

[1] 《宋史》卷二五六。

[2] 许倬云:《中国文化的发展过程》,贵州人民出版社2009年版,第22页。

第三章

良法的理性生成

一、产权、国家与意识形态：个人利益的基础作用

以发展看待法律背后的利益是一个有趣的尝试，它意指法律不仅关乎利益的划分，还将承载一定促进利益增长的义务。法律划分利益的功能具有悠久的历史传承，早在我国春秋战国时期，管子就提出了"法者所以兴功惧暴也，律者所以定分止争也，令者所以令人知事也"[1]的著名论断。然而，管子这种明定本分以平息纷争思想却并没有以某种理性为归依，尽管他紧接着以方与直来描述了对法律中公平正义的诉求，但从根本上来说，依法的目的只是阐明君主权力的正确行使方式，是在评析七类君主统治得失后以此来衡量臣民得失。"故一人之治乱在其心，一国之存亡在其主。天下得失，道一人出。"[2]定分以正确体现君主的统治秩序为据，定分的最高理想即是客观维护这样一种秩序。因而这样一种以法律划分利益的方式背后，虽然内容广泛涉及君臣利益与臣民间的利益，但实质上甚至连国家利益都谈不上，更遑论个人利益。柏拉图、亚里士多德则以理性划分了国家（城邦）利益与群体利益（并非现代意义上的个人利益），并将国家利益明确置于群体利益之上，正如亚里士多德指出："城邦在本性上先于家庭和个人。"[3]同时通过柏拉图以及亚里士多德对政体的划分，城邦利益与统治者利益也被严格区分开来。

---

〔1〕《管子·七臣七主》。

〔2〕同上。

〔3〕苗力田主编：《亚里士多德全集》（第9卷），颜一、秦典华译，中国人民大学出版社1994年版，第7页。

个人利益在与国家利益的角逐中取得胜利当然必须以对个人价值的发现以及个人能力(包括经济能力、政治能力等)的建立为前提,因此,个人利益的发展应当是与法治的发展同步进行。从理念上看,这是因为“法治建立于这样的自然法理论,即正义是公民与国王作出判断的尺度,自然人组成社会以保障上帝赐予所有人的生命、自由以及财产权利”。[1] 思想自由与私有财产被赋予高于社会的神圣性,并在资产阶级改革的浪潮中成为了保障个人自我发展的坚固堡垒。而逐渐兴起的现代工业社会所体现的创造财富的卓越能力实际上改变了人们对国家与社会的固有看法,尤其是西方国家福利社会的建立以及大多数非西方的发展中国家的现代化进程让人们意识到法治不仅可以保障个人的权利,也能作为实现发展的一种手段。曾经岿然不动的产权,包括被认为绝对权利的所有权以及建立于所有权之上的其他物权渐渐有了松动的迹象。这一逻辑可以做以下表述,即是否可以基于理性的认知考虑适度变更传统产权的观点以促进社会与个人利益的共同发展,或者通过在略微让渡个人权益(给社会或其他个人)的基础上实现更大的社会权益。前者是一种理想的探索方向,而后者无疑将会招致非议。

在经济学与法学之间,著名经济学家科斯(Ronald H. Coase)具有双重身份。作为经济学家,他是新制度经济学的鼻祖,确立了一种以微观经济学方法研究经济运行背后制度性因素的理论视角。而在法学领域中,他为法律的经济分析提供了最核心的理论支撑,即明晰了法律制度中交易成本与产权的相互关系。而这两个学科的延伸恰好说明了制度在经济发展中所起到的作用:(1)法律制度推动了经济繁荣。法律的确定性与权威性恰好能够有效抑制经济交往中由于经济行为的不确定性导致的交易费用地支出,尽管对产权与市场理想地法律规制有待经济学家在具体经济环境中地进一步探索,然而法律制度的这一项基本功能却是确凿无疑的。(2)制度在经济中的积极作用促进了法治的自我完善。事实上,唯物主义法学家一直坚信正确的法律制度必定是对经济现象的科学反映,它是对物质世界决定的社会规律的发现,因而,随着经济状况的发展,法律也将取得相应的发展。而在传统的法律观念中,法治的发展是人性得到解放的胜利果实,人的理性得到尊重,并促进人的能力得到

---

〔1〕 Arthur H. Garrison, “Traditions and History of the Meaning of the Rule of Law”, *The Georgetown Journal of Law & Public Policy* 12, 2014, p. 581.

充分施展，理性也使社会制度与宗教不再束缚世俗自由人而是在一定程度上促进一切人的自由发展；同时，法治此种发展一般又是综合的发展，包括政治、文化、伦理等诸多理论领域理性地完善，法律的经济分析则将这种复杂的理性简化为经济理性，即摒除伦理道德等因素地干扰而仅仅将制度的目的限定为追求物质利益最大化。

此外，科斯定理[1]向我们透漏的另一个重要讯息是，明晰的产权体现了一个社会的进步，它是实现交易并使权力的流转朝向有效率方向发展的基础；同时，这一观点实际上还打破了对产权的一种固有看法，即传统上以物权作为一项个人的绝对权利逻辑地推导出行为的合法性与违法性问题的思路可能不再是立法者的唯一选择。按照科斯的理论，由于客观上交易费用的存在，那些传统上的侵权行为也可能更符合经济理性而获得正当性的支持，[2]从经济学的角度理解侵权行为的交互性将毫无障碍，它意味着一方由于不能完全发挥其产品的经济效能（economic efficacy）将招致的更大损害，并最终体现为对社会总体经济利益的减损，因而对立法者而言，“真正有待解决的问题是，应当允许甲方侵害乙方，还是允许乙方侵害甲方”？[3]

如果说在立法领域经济理性对产权概念的颠覆还显得含糊其词，那么司法领域则出现了更为彻底和明确的迹象。1947 年美国联邦上诉法院第二巡回法庭著名法官勒·汉德（Learned Hand）在处理美国政府诉卡洛尔驳船公司案[4]中，有关过失责任的认定问题时所作之判决实际上清晰简明的树立了一种以经济效能而非源于传统产权观念的某种立法者的原旨或社会公义的裁判标准，他用数值分别表示了采取预防措施形成的经济成本（以下简称预防成本）以及事故的预估成本（以下简称预估成本），过失责任的承担被视为取决

---

〔1〕 See Ronald H. Coase, “The Problem of the Social Cost”, *Journal of Law and Economics* 3, 1960, pp. 1–44.

〔2〕 在农夫和养牛者的案例中，当交易成本持续居高而养牛者修建与维护栅栏的成本远远高于走失的牛造成毗邻农田作物的损害，此时赋予养牛者一种侵害农田的权利符合了追求利益最大化的目的，并可能体现为实现帕累托效率（通过支付给农夫足够甚至更多的赔偿）。

〔3〕 “The real question that has to be decided is: should A be allowed to harm B or should B be allowed to harm A?” Ronald H. Coase, “The Problem of the Social Cost”, *Journal of Law and Economics* 3, 1960, p. 2.

〔4〕 United States v. Carroll Towing Co., 159 F. 2d 169–173 (2d Cir. 1947).

于一方的致害行为是否能解释成实现了总体社会利益而不仅仅是个人利益的经济理性,即当预防成本明显高于预估成本时(当然理论界对明显也存在普遍的争议,即明显是表示仅仅体现数理意义的大于,还是应当符合一定的经济理性,如1.3倍或者1.5倍或者其他的带入因素),致害方无须承担赔偿责任。汉德法官通过代数公式计算总体利益来判决消极预防行为的责任问题的方法被认为是一场技术的创新,[1]即为人熟知的汉德公式。而与科斯所不同的是,汉德的经济理性被应用于直接体现总体的社会经济利益的权衡而非通过具体由某一方当事人的行为来实现,即他并不考虑当事人之间通过谈判、交易等促进经济发展的情况,而仅从理想的最终结果上来计算总体经济利益,经济理性被静态地赋予了裁判者,而裁判者同时也成为了实现社会总体利益增长的实施者。

同样是以经济理性为价值取向,公共选择理论则强调了合法产权与权利交换的重要作用。率先成功将经济理性植入政治学领域,并将始于亚当·斯密的"经济人"假设(hypothesis of economic man)应用于包括宪法制度在内的各项公共制度的学者是公共选择理论奠基人布坎南(James M. Buchanan)。具体而言,布坎南的政治学与法学的研究建立在三个基本假设之上,即"方法论个人主义"(methodological individualism)、"理性经济人"(homo economicus)以及"交易性政治活动"(politics-as-exchange)。[2] 其中,"方法论个人主义"假设是现代法学理论和体现法治文明的根本前提,目前已知的是古希腊先哲伊壁鸠鲁最早以"原子"理论的张力提出了"方法论个人主义"的存在方式,而由"方法论个人主义"与"逻辑理性"共同构建的契约方法则可追溯至启蒙时代,从霍布斯、洛克到康德、卢梭,成为整个西方世界反抗威权统治的最强大武器;"理性经济人"假设则更为突出"经济人"假设中人的自利性和追求利益最大化的人类理性,并以此作为论证政府不完善的起点;"交易性政治活动"假设是相对于"掠夺性政治活动"(predatory politics)的理想状态,政治活动中交易优于掠夺在于一场成功的交易能实现交易双方预期效用与效用的共同增长,

---

〔1〕 Lester M. Ponder, "Big Bio Suits of Size, Legacy of a Judicial Giant: Learned Hand", *Experience* 5, 1995, p. 45.

〔2〕 James Buchanan, "The Constitutional of Economic Policy", *American Economic Review* 77, 1987, p. 243.

并往往实现共赢的局面,而掠夺的本质是利益的不正当转移,从经济学上来讲,它既没有实现帕累托优化(Pareto Improvement),亦未能确保真正促进帕累托效率,因而掠夺性政治活动有损于经济理性的目的。依托三个基本假设,布坎南按照市场交易的模式勾勒了理想的政治进程,即奉行方法论个人主义的理性经济的人们从事的交易性政治活动,并将其看作是平等经济人通过集体活动的特殊获利方式。同时,"迎合获得一致认同标准的规则是一项理想的宪法规则,布坎南意识到并非所有的政府活动都满足这一标准",[1]因而国家具有了天生的非理性成分,且必须在制度中有效约束政府的掠夺性政治活动以维护宪法的至高标准。

按照布坎南的设想,在实现社会整体经济利益的目的上,权利符合理性地运行,其意义要远远大于符合经济理性地初级权利配置。民法学的最基本概念是物权并不仅指所有权,它还包括用益物权和担保物权等他物权,而即使在所有权的范围内,所有权的权能除占有权能外,也还包括使用权能、收益权能和处分权能。[2] 权利的交换是权利一项不应被遗忘的固有属性,布坎南正是清楚地认识到了这一点,因而提出促进经济发展的理想权利运行模式,应当是在合法的权利配置中以其三个基本假设为前提实现的平等自愿地权利交换。尽管科斯与汉德法官的理论都足以证明产权的初始设定即现有的合法产权形式并不都符合经济理性即资源的最有效配置,然而布坎南深入揭示的问题实际上是产权的初始设定并不决定资源的有效性配置,或者进一步来说产权是否依据经济理性而设定与基于产权的权利流转无关,保障权利有效率交换才是实现资源有效配置的核心。布坎南的理论并非否定了产权在制度变迁中的优越性和促进经济发展的重要性,相反,他同样认为明晰的产权是有效率权利交换的前提,但明晰的产权却不因过度的被理解为符合经济理性的初始权力配置,为产权设定"明晰"的义务是以实现和促进权利交换为目的,而额外的"经济理性"义务显然超越这一必要限度,因而布坎南更愿意将产权地初始配置让渡给综合的理性而非经济理性,即实现合法的明晰的产权。尽管结论不同,经济学家布罗姆利对制度变迁的产权观所作的描述显然从另一个角度强

---

〔1〕 James Gwartney, Randall Holcombe, "Politics as exchange: the classical liberal economics and politics of James M. Buchanan", Constitutional Political Economy 25, 2014, p. 265.

〔2〕 参见马俊驹、余延满:《民法原论》(第3版),法律出版社2007年版,第326~331页。

化了布坎南对产权初始配置所下的判断,即"市场能有效率地运行的唯一条件是:追求财富最大化的个人主义是自由的,能对激励作出反应,并能以他们个人的自我利益管理有价值的财产"。[1]

对具体一项产权难以准确认定和评估的基本认知,在一定程度上证明了布坎南观点的正确性。巴泽尔《产权的经济分析》一书实际上表明界定产权的固有困难来自程度与内容这两个方面。首先,产权会在客观环境尤其是个人的行为中时刻发生着改变,巴泽尔指出,公用土地上的居民(如流浪汉)与合法土地所有者之间尽管同样客观上享有占据土地的权利,但两者产权上的差异一目了然。而产权的差异主要决定于两者的权利受到保障的程度。巴泽尔同时指出,是警察的保护行动而非合同本身对权利保障产生了实质性影响。因而那些按照合同规定的价格来认定产权的做法并不能体现出产权的真正价值,而只不过是借用法律来衡量法律所规范的经济价值,并在价格与价值相脱离的道路上走得更远。其次,"产权概念与交易成本概念密切相关",[2]因而对产权的完整界定与评估不可能实现。当产权的概念应用于人,完整界定产权存在的一个悖论是,除非人的潜能可以被完全的认识到,即得出人不再拥有创新与发展潜能的结论并寻出人的潜能的边界,那么人的无限潜能将意味着对人的潜能的评估无法做到,且时至今日我们也未能找到也不愿承认人的潜能的边界。肇始于黑格尔并由新黑格尔主义学派传承并持续改进的对人类理性的一项基本认知是人类文明意指"人类潜能走向其最大化的发展过程。并认为法律秩序的任务有二:维系既有的文明价值和推进人类能力的发展"。[3]柯勒对文明所下的定义以及对法律秩序的任务所作的判断不只是对现实中完整界定产权的否定,而且是对完整界定产权应然性的事实上的否定,即不只是从"能不能",且是从"应不应当"上来否定完整界定产权。其原因正在于法律的根本任务是维持既有文明和推进人类的潜能而非为其划定某种高深而精确的终止符。具体在经济领域中,无法界定与评估产权的主要因素即是由产品信息的不完全所决定,这是一个普遍存在的事实,经济学家称为交易成本。从

[1] [美]布罗姆利:《经济利益与经济制度——公共政策的理论基础》,陈郁译,上海人民出版社1997年版,第18页。

[2] [美]巴泽尔:《产权的经济分析》,费方域、段毅才译,上海人民出版社2007年版,第3页。

[3] See Josef Kohler, Moderne Rechtsprobleme, 2nd edition, 1913, S. 1. [美]罗斯科·庞德:《法理学》(第3卷),廖德宇译,法律出版社2007年版,第5页。

科斯明确阐明交易成本的概念以来,经济学家致力于降低交易成本、寻求交易成本最小化的努力就从未停止,尽管为证明不同的经济理论而假定交易成本为零的经济模型层出不穷,但目前还没有哪位经济学家声称找到了实现消灭交易成本的现实路径,事实上,不完全的产品信息和不完整的产权概念已经成为了现代交易理论的不竭动力,并使得"寻租"理论、有限理性决策理论乃至博弈论等变得有意义。

进一步支持布坎南以上观点的是来自侵权法学界对汉德法官的批判,认为以汉德法官为代表将侵权法所主张的关怀看作负担、代价与损失的观点本质上是向以自我为中心的人文主义时代的历史倒退,经济或职业共同体的社会成员"反而应当认识到从根本上来说,(体现于侵权法中的注意义务)并不服务于当前客户与顾主的利益,服务与关怀是一项基本的商业价值与职业价值"。[1] 尼尔森·米勒(Nelson P. Miller)意图将批判引入道德价值,但这一论断起到的经济作用却很明显,摧毁了商业与职业领域的关怀理念动摇的将是权利交换本身。譬如,它可能鼓励某种交易的外部性而提高了交易费用,由于交易信息的不对称,对关怀理念的否定很可能加深交易双方的不信任,从而产生过度的保障交易成本。更主要的成本还在于鼓励了对交易信息不对称因素施加利用的行为。当人们坚信过失行为不再应当虑及他人的利益,那么经济理性中的故意行为关怀他人利益的理由又是什么?违法成本的考量将变得更为纯粹,"三鹿毒奶粉"事件、"地沟油"事件是其逻辑的衍生物,而中国的社会现实证明后续交易成本还在持续增加,进口奶粉的脱销现象和国产奶粉的滞销现象不仅成为国内乳制品行业发展的严重阻碍,也成为一般民众的承重经济负担,并最终转化为了国家额外的社会成本。

二、阿罗不可能性定理:个人利益的不完全彰显

西方的文明曾经,被认为是理性的胜利,西方的历史与社会学家们乐此不疲的分别从宗教、经济与经济观念的发展、城市文化等诸多不同角度论证了推动资产阶级理性发展的决定性因素,其中以康德所著《纯粹理性批判》《实践理性批判》《判断力批判》中,从知性、理性连同作为知性与理性中介环节的判

[1] Nelson P. Miller, "Seven Conceptual and Historical Errors in Tort Law", *Tort Trial & Insurance Practice Law Journal* 40, 2004, p. 68.

断力这一角度对理性的划分与详尽分析，以及马克斯·韦伯《新教伦理与资本主义精神》一书中对宗教理性与资产阶级道德的阐述影响最大。[1] 而在法治的征途上，理性一方面为个人在与公权力的博弈中增加砝码，即树立理性的崇高地位以及个人理性的无限潜能；另一方面又为削减公权力提供了必要的理论支撑，即社会契约论。

随着西方资本主义国家在经济建设等方面取得的优异成绩，理性再次被比喻成了照耀全人类的文明之光，然而令人感到困惑的是，为什么推崇备至的文明之光却难以点燃非洲人的希望，西方人所主张的民主、法治为什么在倡导资本主义的发展中国家出现了"橘生淮南则为橘，生于淮北则为枳"的尴尬，发展经济学中最早败下阵来的现代化理论似乎表明即便是文明的理性也并不等于普遍的真理，或者说人的理性仍是有限的，哪怕是以理性实现某一具体目标，如果以理性作为方法，客观的变化因素必须加以仔细的考量以缩小理性方法与理性目标间的差距，结构主义理论正是从这一角度进行的尝试。

同时西方的现代法治高举的理性主义大旗也正招致越来越多来自不同领域的挑战，对公共选择理论做出杰出贡献的经济学家阿罗（Kenneth J. Arrow）提出的"阿罗不可能定理"就揭示出了这种理性与理性方法间的差距，下文将以个人利益的角度描述这种分离：

启蒙运动时期哲学家孔多塞（Condorcet）的投票悖论意图揭示这样一种情况，即在一场投票中，当甲胜于乙，乙胜于丙，是否就一定意味着甲胜于丙。孔多塞向我们证明了投票结果背后价值的不确定性。譬如，有3位选民一、二、三就选区领导进行投票，候选人分别为甲、乙、丙。选民一的投票结果为甲 > 乙 > 丙；选民二的投票结果为乙 > 丙 > 甲；选民三的投票结果为丙 > 甲 > 乙。将候选人单独两两对比来看，根据少数服从多数原则，甲与乙的角逐中甲以一票之差领先，乙与丙的角逐中乙以一票之差领先，因而按照一般逻辑，应当是甲取得最后的胜利。但如果我们再仔细对比最后一项，事实却远没有我们认为的那样乐观，因为甲与丙的投票显示甲是以一票之差

〔1〕 参见［德］康德：《康德三大批判合集》（上册），邓晓芒译，人民出版社2009年版，第1～22页，第234～249页；［德］康德：《康德三大批判合集》（下册），邓晓芒译，人民出版社2009年版，第26～27页、第31～70页、第222～246页；［德］马克斯·韦伯：《新教伦理与资本主义精神》，于晓等译，生活·新知·读书三联书店1987年版，第23～57页、第71～144页。

落后于丙。最终的结果,如果3位选民的选择代表了一种强秩序("＞"意味着前者明显优于后者且没有等同看待的情况)且3位选民的选择意愿代表了不容侵犯也不愿更改的理性选择,那么这场投票将无休止地进行下去。

阿罗基于投票悖论的分析继而得出在一定情形下以民主投票方式的公共选择所体现的非理性因素——没有任何投票方式能真正解决投票悖论,而在更广泛的意义上而言,被理解为货币投票的市场机制亦未能创造出一种理性的社会选择。具体而言,阿罗不可能性定理(以下简称阿罗定理)可表述为"如果社会中的各成员至少能自由地对3个备选对象以任何方式进行排序,那么满足条件2与3且能得出满足公理Ⅰ与Ⅱ的社会排序的任一社会福利函数必定要么是强加的,要么就是独裁性的"。[1] 按照阿罗的论述社会福利函数包括了五个方面的基本预设或条件,并在共同作用下保障了公民自由意志与富含理性的个人价值观判断的一致性。其中条件2描述了一种较弱形式的帕累托原则,即基于个人价值观的个人排序与社会排序保持了某种方向上的一致性,亦可称之为社会价值观与个人价值观的正向联系。条件3意在表明个体排序对备选方案的独立作用,它并非认为无关备选对象在整个排序中没有价值,只是表明无关备选对意欲体现的备选方案之间的排序并不施加实质性的影响。实质上,条件2与条件3共同设定的条件可表述为在某种静态环境下,作为个人价值观反射的个人选择与社会选择的一定程度上的一致性。条件2与条件3共同构筑了选民的投票利益。公理Ⅰ与公理Ⅱ意在表示备选对象之间的连通性与传递性,其中公理Ⅰ隐含的意义还包括备选对象之间的方向性、排他性以及可比性。传递性是指当甲≥乙,乙≥丙时,则甲≥丙。阿罗特别强调其所指为一种弱秩序,即肯定了备选对象间无差异情况。公理Ⅰ与公理Ⅱ共同构筑了人的投票理性。

基于以上说明,阿罗定理又可表述为当社会排序是在同时满足固定环境下个人价值观与社会选择保持一致性的要求,以及满足备选对象间连通性与传递性的要求下,社会中的各成员(2个以上)至少能自由(不受外界影响以及真实完全表达)地对3个及3个以上备选对象(阿罗不可能定理的最简化条件

---

[1] [美]肯尼思·阿罗:《社会选择与个人价值》,陈志武、崔之元译,四川人民出版社1987年版,第110页。

即备选对象至少为 3 个)就社会福利函数以任何方式进行排序,那么使社会排序普遍有效则必须在强加与独裁间做出选择。所谓强加,指“某些社会偏好序被社会福利函数的定义所禁止”。[1] 最为典型的是强加宗教传统、习俗传统甚至包括殖民传统等;既可以是道德性约束,也可以是外部的权力性约束;强加的内容反映的是外在社会对选民真实意愿的压倒性控制力,包括在与所有选民的冲突中亦可以保持一种强势(在阿罗之后修改的论著中删除了强加的情形)。所谓独裁,事实上与强加具有同样的垄断效力,而来自选民的独裁具有更大的隐蔽性,它虽然甚至具有与所有其他选民的一致意见相抗衡的权力,但当集体意见与这位独裁者保持了某种一致,它又可以消逝于整个集体决策过程。因此,以独裁施加影响的投票方式又是真正民主制的死敌。

投票理性与个人利益上的深刻矛盾最终唯有凭借民主的牺牲来调和,阿罗揭示的悖论几乎为所有西方学者所不能接受却又难以真正从数理逻辑上予以驳倒。譬如,阿玛蒂亚森(以下简称森)对阿罗定理中“不可能性”的解读,并没有指出阿罗定理在本身逻辑上的任何错谬,而毋宁说是指出其不切合人类进行社会选择的实际。为克服阿罗定理的“不可能性”,森选择将阿罗定理条件 1 的假设作为切入口,并引入了人际比较(interpersonal comparisons)的方法。条件 1 认为某选民对社会中备选对象的个人排序决定了其社会排序,逻辑关系为当且仅当个人排序的存在,才有对应秩序的社会排序。其中个人排序需满足充分性和广泛性,即并不施加任何预设前提的任意形式的自由,且个人排序都能真实准确的映射为社会排序。在森看来阿罗定理的“不可能性”就在于条件 1 的错漏,即“实际上,它(阿罗定理)所建构的不是理性社会选择的不可能性,而是当我们试图将社会选择建立在一类有限信息的基础上而出现的不可能性”。[2] 所谓有限的一组信息,森特指阿罗以个人价值观和偏好排序为信息基础的假定具有很大的局限性,其进一步的表意则是质疑以多数规则作为偏好加总方式的社会选择的合理性程度。对人际比较的排斥是阿罗理论的基本立场,人际比较概念的不周延使绝大多数社会学家放弃了将其应用于

---

[1] [美]肯尼思·阿罗:《社会选择与个人价值》,陈志武、崔之元译,四川人民出版社 1987 年版,第 54 页。

[2] Amartya Sen, *Development as Freedom*, New York, Alfred A. Knopf, INC, 2004, pp. 250 – 251.

理论模型,正因为坚持人与人之间诸如利益、道德等的不可(或不能)比较性,绝对的不受任何影响的个人意愿成为了功利主义者的基本主张,此外,功利主义的认知还包括通过个人效用的叠加以实现总体效用的最大化,这一思想一般认为源于边沁。而森则提出了一种在实践中可行的人际比较模式,即一种"并不适用于每次的比较、每种类型的比较也并不严格精确的某种程度上地人际比较"。[1] 它包括了两个标准:其一,不同类型人际比较的适用仅需要满足完全的公理化并在社会选择程序中精确的结合,具体的某一方面的人际比较则无须是对每一位选民进行详尽的比较而仅需以严格的数学形式表达即可,即局部可比性(partial comparability);其二,人际比较方法的精确程度也仅以实现确切的社会决策为限,实践性而非绝对理性是人际比较的基础。对森来说,人际比较的完美构建以及彻底抛弃都是不足取的。

同时,人际比较不仅是相对的,也是必要的。森指出,其他类型人际比较的必要性是基于对个人利益的诠释。首先,无论怎样看待人际间的比较,没有比较的前提,则无法理解人际的结合方式,而比较不容抹杀的哲学根据还在于没有人际比较就无法实现对他人的理解;其次,现实表明以绝对的精神状态来表达个人利益并不能使人满意,一定的伦理基础是体现社会选择中公平正义的前提。我们对集体选择领域的集体理性的认同程度取决于我们在多大的程度上容忍以投票理性的名义对社会弱者利益的持续剥夺,正如我们对集体理性的批判程度取决于我们在多大程度上容忍独裁者对社会弱者利益的任意侵害。具体化阿罗的例子,即同时满足阿罗 4 个条件的投票程序中,选民一、二、三重新开始了投票来决定甲、乙、丙中哪个人享有无偿进入暖气房的权利,甲是饥肠辘辘的流浪汉而乙和丙都是富甲一方的绅士,基于自由的理性,我们是否或者多大程度上能够认同永远把甲排除在外的投票结果。无论外在信息是否起到决定性作用,坚持屏蔽掉甲、乙、丙的任何个人信息,实际上会使整个投票过程的目的毫无意义。反面的极端例子是,在一场总统选举中你获得了一张选票,但选票上只有甲和乙两个代号而没有任何的个人信息,这将是一场多么滑稽的选举。承认了信息的存在,就将为阿罗定理开辟一条可能的解决途径,在足够的信息之下,它有助于选民形成一些非决定性的共

[1] Amartya Sen, *Rationality and Freedom*, Cambridge & London, Harvard University Press, 2004, p. 79.

识,譬如,甲并不是最坏的选择,此时,阿罗定理的无限循环状态便不复存在。因为在无限循环的结果下,它还表明对选民二的结果乙 > 丙 > 甲作出适度地修改,即共识下的乙 > 甲 > 丙,那么结合选民一和三最终的结果将是甲获得相应权利。

阿罗定理存在的问题就在于不仅没有认识到扩大信息的重要性反而不适当的屏蔽了所有信息。正如森自己所作的解释:“什么(社会决策)是可能的以及什么(社会决策)是不可能的,关键取决于在作出社会决策时实际虑及的信息。”[1]通过扩大信息,即便我们不从哲学或心理学的角度来论述认知地发展对选举理性地促进作用,至少它能起到丰富理性表达的目的,这就是那些潜在地共识。事实上,森的理论不应当看作专为解决阿罗定理而设,而是试图解释投票理性的某些真相,即“阿罗条件 1 中的集体理性仅能看作是集体选择领域规则某方面的需要而并非垄断性的禁止”。[2] 并且在森看来,扩大的信息远不止人际信息,还应当包括体现于条件 2 与条件 3 中对弱帕累托原则与无关备选方案独立性施加影响的信息。而未能凸显出的实际可采用信息,作为一种更普遍的现象,标示着个人利益不完全彰显的根源。阿罗实际上未能意识到,社会选择不仅是一种拒绝独裁的方式方法,还更应当是拒绝下一个希特勒的方式方法。

三、帕累托自由不可能定理:社会效率与个人利益的分解

森在解析阿罗定理的第二年提出了一个新的悖论,这被称之为帕累托自由不可能定理(the Impossibility of a Paretian Liberal)[3](以下简称自由悖论),该定理从社会选择角度分析了作为发展目的的个人自由与衡量发展状况的帕累托原则间在微观层面相抵触的情形,具体而言它意指“当与坚定的帕累托效率相结合,满足最低限度自由也是不可能的”。[4] 与阿罗的社会选择理论一样,森也就其社会决策功能(social decision function)假设了三个基本界

[1] Amartya Sen, *Development as Freedom*, New York, Alfred A. Knopf, INC, 2004, p. 253.

[2] Amartya Sen, “the Impossibility of a Paretian Liberal”, *The Journal of Political Economy* 78, 1970, p. 153.

[3] Ibid, pp. 152 – 157.

[4] Amartya Sen, *Rationality and Freedom*, Cambridge & London, Harvard University Press 2004, p. 92.

定:其一,集体选择的连通性,即每一个个体对应唯一秩序;其二,社会决策功能的利益性,它是多重选择下受秩序限制的安排;其三,社会决策功能的传递性(同阿罗定理的公理 II)。同时,森为社会决策运行的运行提出了三方面的条件,包括消除阿罗条件 1 中集体选择规则垄断性限制的非限制域原则(unrestricted domain)、弱帕累托原则以及自由主义原则(liberalism)。自由主义原则是指对每一个社会个体而言至少一组社会选择与其个体选择相符。由于自由定义所可能引发的广泛争议以及为了使自由主义原则显得不那么突兀,森进而提出了最低限度自由主义原则(minimal liberalism),即在两个以上的社会个体中,对每一位个体而言至少有一组选择是以他的决定为基础。两者的区别在于最低自由主义原则并不要求必须至少有一组社会选择与其形式上直接相同,仅需要该组社会选择的结果与该个体选择至少有某一个是相符的,则符合了最低自由主义原则。

现在我们冒险来简化森所举的例子为一本书、两位选民包括选民一和二以及是否阅读这本书的三个备选方案包括方案一(简称甲)选民一不看选民二看,方案二(简称乙)选民一不看选民二看,方案三(简称丙)选民一、选民二都不看。现在不管两位选民背后复杂的意愿成因,投票的结果为选民一的偏好排序为:丙 > 甲 > 乙,选民二的偏好排序为:甲 > 乙 > 丙。根据森的自由主义原则,在甲与丙的偏好排序中,选民一应享有选择自由即丙 > 甲;在乙与丙的排序中,选民二应享有选择自由即乙 > 丙,而在选择偏好的传递性下,得出基于自由主义原则的甲和乙选择偏好排序应为甲 < 乙。从前文可知,选民一和二的在社会排序中的偏好排序都为甲 > 乙,故依据弱的帕累托原则选择偏好的传递性结果应为甲 > 乙。这一结果揭示出了帕累托原则与自由主义原则无法调和的处境,表明“多数决策方法的普遍缺陷是它的不自由”。[1]

本书认为将体现在社会选择中的投票理性从权利与利益的角度进行分解或许有利于问题的认识。(见图 3 - 1)

---

〔1〕 Amartya Sen,“the Impossibility of a Paretian Liberal”, *The Journal of Political Economy* 78, 1970, p. 152.

- 理性
  - 人的理性
    - 他者理性
    - 自我理性
      - 部分理性实现
      - 完整理性实现
  - 物的理性
- 理性方法
  - 基于人的理性方法
    - 投票
      - 权利让渡
      - 部分权利的行使
    - 自治:完整权力的行使
  - 基于物的理性方法:普遍形式,如抽签、摇奖机摇号等

图3-1　共选择以权利为内容的划分

首要的问题是社会选择的投票理性本身应当体现为选民的利益还是投票对象的利益,抑或两者皆有。在投票过程中,这一问题常常令人难以分清。一方面,每一位公共选择的选民都声称选举权与被选举权是公民的一项基本权利,是一项不容被任意剥夺的利益。另一方面,几乎在所有的公共选择中我们都将看到作为候选人的备选对象在耗费大量的金钱和精力投入选举,反而是部分的选民表现出了冷淡的情绪。单看美国的历届总统中选举候选人的大肆宣传,我们便难以否认备选对象将在公共选择中获得的巨大利益。

事实上我们混淆的是投票利益与投票理性利益,在社会选择中,前者体现为基于社会的利益而后者体现为基于投票者理性的利益。森在解决阿罗定理时的理论已经在某种程度上回答了这一问题,森指出充分表达投票者理性在于扩大信息,信息对投票理性的限制作用并不限于无限制领域(阿罗定理条件1),主要指人际信息,还应当包括无关备选方案独立性领域(阿罗定理条件3)以及弱帕累托原则领域(阿罗定理条件2)。有效信息的获得以及无用信息的排除(譬如,阿罗定理条件3中无关备选方案的剔除)则成为扩大信息促进理性的有效方式。从根本上讲,备选对象的理性会作为信息在选择理性中发挥作用,但不是直接作为选择理性的一部分。

将投票对象表述为直接的利益而非那些作为备选对象的候选人实际上将使问题变得简单。譬如,3位小朋友小一、小二、小三投票决定中午的饭后水果吃什么,分别有三种水果可供选择,即苹果、香蕉和西瓜。小一认为苹果比香蕉好吃,香蕉比西瓜好吃;小二认为香蕉比西瓜好吃,西瓜比苹果好吃;小三则认为西瓜比苹果好吃,苹果比香蕉好吃。这实际上就是对阿罗定理中案例的复现,只是案例本身并不属于公共选择领域而是属于更大的社会选择领域。

我们将看到除了独裁性,阿罗定理中其他各项公理与条件都将并行适用。森主张的真实地基于一定合意或共识的投票理性依然存在,并且不仅程序中能体现一定的功利原则或者经济理性,同时在一种具体的共识中也能有所体现,当3位小朋友普遍认同苹果的价廉物美因而不是一个最坏的选择,那么功利的目的就在共识中以一定方式实现了。而并未体现的非独裁性条件(阿罗定理条件5)并不是一项具体适用的选择理性,正如森所指出:"在任何意义上非独裁性都根本不是一项信息限制。"[1]

社会选择理性作为选民利益的另一个侧面例证是将选民拟物化或直接以物代替,整个投票过程将会变成另一番景象。广泛适用于政府机构、法院、博彩行业等领域的摇奖机由于其公平性而具有很高的认同度,我们现以摇奖机摇号取代候选人投票为例。将甲、乙、丙球分别作为3位候选人的替代物置于摇奖机中,摇号顺序将会给予3位候选人不同的得分,分别为三分、二分和一分。当三台摇奖机一、二、三分别先后摇出了三种结果,摇奖机一为甲 > 乙 > 丙;摇奖机二为乙 > 丙 > 甲;摇奖机三为丙 > 甲 > 乙。这一问题依据森的理论应当是解决不了的,因为它不可能诉诸在前的理性而纯粹是一个概率问题,并且实际上我们正是因为概率的均等而认同其公平性或者说是合理性。而如果我们将摇奖机出球看作是摇奖机的(公平)理性,这种情形才严格符合了阿罗无限制领域地构想,因为摇奖机绝不能主动产生任何一种理性。并且由于此后为整个选择过程所作的任何人为解释都来自程序以外,如果不是来自合意,那么这些解释都将变为一种独裁。

接下来一个回避不了的问题当然是必须就这种情形下的理性与理性方法作出适当的分类才不致使以上解释重新变得似是而非。然而以笔者的学识,远不足以就理性与理性选择的具体内涵作出哪怕列举式的一般概括,我们的讨论还是回到社会选择上来,即具体讨论社会选择理性与社会选择理性方法。就社会选择的类型,阿罗在其成名作《社会选择与个人价值》的开篇就做出了这样的说明:"在资本主义民主制度中,有两种做出社会选择的基本方法:一种

---

〔1〕 Amartya Sen, *Rationality and Freedom*, Cambridge & London, Harvard University Press, 2004, p. 354.

是投票,通常用于做'政治'决策;另一种是市场机制,通常用于做'经济'决策。"[1]将投票与市场机制分别划入"政治"决策与"经济"决策就显得很不合适,最直观的理由在于市场的最主要成员——公司,其整个运转机制都离不开投票,无论是股东代表大会、董事会还是各级管理层以及监管层的会议,投票的作用都是根本性的。如果说"政治"决策的投票机制反映的是政治体的民主性,它被广泛地用来评价现代国家的政治体制,那么没有投票的理念事实上就不存在绝大部分的公司组成形式。此外,正如布坎南等人宣称的,整个市场可以看作是一个货币投票机制,而正如前文所论述,基于"方法论个人主义"、"理性经济人"以及"交易性政治活动",[2]理想的公共选择与市场机制并不存在本质上的差异。因而,其次将投票与市场机制并列也是一项令人吊诡的归纳方式,除了方法论上的不统一,且正如他将不同于资本主义民主制度的另外两种社会选择方法对应地定义为独裁和传统,事实上是充满了强烈意识形态的判断。

从权力地归属来看,投票概念应与自治概念相对应,其中投票有两种存在形式,其一是将权利以某种机制部分地授予他人,常见的方式为选举;其二是部分的共同实施权利,常见的方式为具体事项的公共决策;自治则是自我保有完整权利地直接施行,其中较为典型与极端的支持者莫过于哈耶克所主张的真实个人主义(true individualism)。[3] 在直接行使的权利中,我们称投票为部分的行使而自治为完整的行使并不是就权力的客观属性而言,因为除了独裁就不应当存在任何绝对的权力。完整与部分的区别在于权利主体意愿与权利行使方式上的关系,投票与独裁的根本差异就在于每个人理性真实的表达且得到同样的尊重。这是阿罗定理从方法论上尽力调和的动力,投票理性中没有任何个体的理性能作为全部的投票理性,每个个体的权利部分的产生作用,无论是决定性的。还是非决定性的。自治的权利本身也并不完整,现存的社会中任何个体的权利都是被切割的不完整的权利,这是现代社会的法则,但

---

[1] [美]肯尼思·阿罗:《社会选择与个人价值》,陈志武、崔之元译,四川人民出版社 1987 年版,第 3 页。

[2] James Buchanan, "The Constitutional of Economic Policy", *American Economic Review* 77, 1987, p. 243.

[3] Friedrich August Hayek, *Individualism and Economic*, Chicago, the University of Chicago Press, 2009, p. 3.

在被切割的具体权利形式中，它应该得到充分完整的表达而不应当有所曲解。森在自由悖论中所指出的自由主义原则（liberalism）以及最低限度自由主义原则（minimal liberalism）应当代表的是这样一种权利与意愿的关系，正如他自己所言，“如果你偏爱拥有一堵粉色墙而非白墙，那么社会应该允许你有这堵墙，即使社会中的大多数希望看到你有一堵白墙”。[1] 当然下文还将指出森的自由主义并不适合投票领域。此外，投票的第一种存在形式不仅是意愿产生作用的部分性，权利的授予也应当被严格的限制为部分授予，即这种授予必须为社会个体保留一定的空间以及权利存在形式，完全地彻底地授予将形成事实上的垄断与独裁，因而尽管保留下来的权利很难表述清晰，但现代文明往往还是将其置于消极人权地庇护下，这也是自治与投票的另一道分界线。

作为投票与自治对立面的独裁虽然与投票存在某些共通之处，但它的存在与投票理性以及自治理性截然相反，并对两者而言都具有摧毁性的效力。无论是政治领域还是经济领域，现代合法的组成形式必定是投票理性与自治理性的混合作用，而任何形式的独裁则都披上了一层非法的外衣。

另一个问题是，意愿的独立性在多大的程度上能够成立，这将是本书区分理性的依据。森向我们表明了阿罗定理在何种程度上混淆了意愿与理性，在人类生存的共同体中，不包含任何信息与知识的意愿丝毫没有显示出它存在的价值。昂格尔指出，“要完成解决方法、社会秩序与现代性问题的任务，人们最终需要一种人性观点”。[2] 而出于对人性观点具体内容认知上的差异，昂格尔似乎又将问题导向了一种不确定之中。回到投票与自治的方法上，两者的共同点包括：其一，基于人的理性的某些共识；其二，人们意愿实现的可接受范围内的行为结果；其三，从共识到行为结果间的逻辑关系。共识与行为结果是自孔多塞投票悖论所引发的一系列探讨的核心问题，那么就第三点逻辑关系展开的探讨中，我们还应该关注的是与逻辑关系并列的因果关系作为社会研究的基本方法是否应纳入社会选择中进行。

这里引出了社会选择中权利的产生在人们的论述中另一个被忽略或有意忽略的基本方法，这种方法与投票理性以及自治理性都有根本差别，因为它更

---

〔1〕 Amartya Sen, “the Impossibility of a Paretian Liberal”, *The Journal of Political Economy* 78, 1970, p. 152.

〔2〕 [美]昂格尔：《现代社会中的法律》，吴玉章、周汉华译，译林出版社 2001 年版，第 38 页。

关注选择的过程以及社会选择的结果而并不关心甚至是刻意回避人的主观作用,这种方法我们称之为基于物的理性的方法。本书所称的基于物的理性的方法,是指在社会选择中基于某些“较为单一的人的理性的共识”,人们通过对不以人的意志为转移的客观现象与事实地认知并加以利用以推导出人们意愿实现的可接受范围内的行为结果的方法。这种认知既可以是“物质的基本性质及其最一般的运动规律,以及物质的基本结构和基本相互作用等”,[1]也可以是包括人参与的客观行为,如抽签。但与逻辑关系不同的是,参与人的理性并不影响行为结果,它是不以人的意志为转移的人的行为的必然结果。因此,本书宣称的“较为单一的人的理性的共识”又实际上主要是指人们的某些不易变通的共同意愿,意愿之所以不易变通则在于意愿本身承载的价值会置于事物的因果关系之上,而因果关系又不会以参与人的意愿的改变而改变,除了赋予因果关系外在的程序意义将别无他法,譬如,规定当摇号出现相同结果时获得者为备选对象中的最贫困者。但我们很快又会发现,这样一种外在的程序性规定的实质不过是最初程序外的某种共识罢了。更为常见的是基于物的理性的方法并不以社会选择结果为价值最终评判标准,抽签具有代数概率上的公平内涵,在4年一度的足球世界杯小组赛抽签程序中,死亡之组的抽签结果并不妨害更广泛意义的公平理念,引起广泛争议的反而是其中的逻辑安排,诸如种子球队的确立原则、成员国与地区代表队的划分原则以及几乎每届都在修改的记分规则。[2]

在人类的历史与现代生活中,亦不难找到基于物的理性的方法在人类的公共选择领域地应用。中国历史上最为人熟知的要算殷商时期以卜筮行使权力的方式。卜和筮分别是两种不同的社会选择方法与制度,“古人占卜,用龟甲称卜,用蓍草为筮”,[3]或者说“龟为卜策为筮”,[4]是商朝国君行使国家权力的基本方式之一。尽管在殷商王朝的前期与后期君王的意志都会以不同程度显现在占卜的过程中,譬如,通过多卜制、习卜制以及选卜制地交替适用就为君主意志的忖度保留一定空间,正如学者徐义华指出,“习卜制和

---

[1] 辞海编辑委员会编纂:《辞海》,上海辞书出版社2009年版,第2434页。

[2] 参见颜强:《没有规则的抽签》,载《21世纪商业评论》2013年第25期。

[3] 广东、广西、湖南、河南辞源修订组,商务印书馆编辑部:《词源》,商务印书馆1988年版,第430页。

[4] 《礼记·曲礼上》。

选卜制,使商王即使在多次占卜的结果与自己的意愿不符合的情况下,也能找到最贴近自己意愿的一次结果,从而达到神权为王权服务的目的",[1]并在朝代的延续中逐渐形成权力从代表封建贵族的贞人手中流向代表封建集权的王权手中的趋势,这些流转的权力形式具体包括视占权、占卜权、占断权等,然而无论是占卜还是筮占,代表神意的物理现象仍发挥决定权力行使的根本作用。随着周王朝的建立,卜筮在国家权力的运转中渐渐失去效力,却在社会生活中仍旧保持了生命力,并延续至今日中国,作为普通国人的生活方式之一。

基于物的理性的方法并不一定是历史的倒退或传统的弥留,程序中的因果关系赋予了它突破逻辑关系的张力,而成为对人或人类群体发展能力的肯定性因素。在两两对决的足球世界杯(FIFA World Cup)比赛中,当我们声称巴西队强于意大利队,或德国队强于美国队,非逻辑关系的意愿体现为我们在何种程度上希望其比赛结果是突破这种理性,而非保持这种理性,并以此来体现竞技比赛中抽签的魅力。然而赋予抽签这一种基于物的理性的方法并非时刻都体现了公平的目的,它有时也被赋予了过度的能力,并由于过度的能力而在逻辑关系上出现了某些方面的缺陷。这一论断又包括两方面内容需要说明:一方面,基于物的理性方法中何以又会出现逻辑关系?这对理解的人来说是句废话,但仍有澄清的必要,简单来说,所有的因果关系连接到社会中去都需要依赖逻辑关系的结合,无论是抽签,还是摇号,是逻辑关系赋予了签与号的社会意义,如果没有殷商王朝赋予的逻辑上的权力关系,卜筮活动永远不可能主宰一国的行动。另一方面,过度的能力是因果关系的不适当还是逻辑关系的不适当?康德指出,一种知识的逻辑真理性包括两个方面,即"它在逻辑上是可能的",以及"它在逻辑上是有根据的"。[2] 前一种主要指逻辑上的不自相矛盾,后一种情况则指有根据与生成的真实结果。因果关系本身在真实性上毋庸置疑,而逻辑上的不自相矛盾事实上源于逻辑假设的合理性,因此过度的能力实质上反映在了逻辑关系的证明根据。我们仅以足球世界杯初赛晋级规则为例来展现这种不适当:

在世界杯小组赛晋级规则中一直以来保留了一项奇怪的规则,即当用尽

---

[1] 中国文物学会等主编:《商承祚教授百年诞辰纪念文集》,文物出版社 2003 年版,第 259 页。
[2] 李秋零主编:《康德著作全集》(第 9 卷),中国人民大学出版社 2010 年版,第 50 页。

前述规则仍无法确定晋级球队时,采取了抽签的方式确定晋级球队。仅以2010年南非世界杯竞赛章程为例,其中就初赛晋级的联赛规则作出如下规定:"(1)在所有小组赛中得分最高者获得(晋级资格,下略);(2)净胜球多者获得;(3)进球数最高者获得。如果两支或两支以上的球队的以上三项标准相同,其排名将由下属规则决定:(4)小组相关球队之间得分最高者获得;(5)相关球队间净胜球多者获得;(6)相关球队间进球数较高者获得;(7)由国际足联组委会组织抽签。"[1]毫无疑问,理性判断最终交给了物的理性,抽签的因果关系实际上被赋予了判断哪一支球队的表现更为优异的能力,即选择理性的逻辑关系。但事实上抽签的逻辑关系本身又不具备这一能力,自始至终它不过表征了各球队的机会公平,一个极端的例子是所有的晋级参赛球队都并不能通过前6项规则所产生,结局可想而知,整个晋级规则将变为依靠抽签来评判的晋级游戏,那么整个晋级赛事一定程度上将丧失基本的区分功能。尽管这样的极端例子尚未出现,然而1990年意大利足球世界杯F组晋级赛就现实的呈现了一次依靠抽签决定名次的尴尬。

前6项规则与第7项抽签规则的根本冲突就在于前者是依靠人的理性公正评判了各球队的现场表现,如果第7项规则仅被理解为保障球队的机会公平,那无异于宣告人的理性最终通过物的理性来决断,不仅判断的标准会一分为二,也表明人的能力(或称努力)在一定程度上被否定了。而如果要保持判断标准的连贯性,那么抽签实际上就被解释为公正评判了各球队现场表现的规则,我们将这一种逻辑解释称之为康德所指的"没有根据"或物的理性的过度能力。因为到了抽签环节,球队表现的任何差异都丝毫不会影响到因果关系产生的逻辑结果,我们可以认为抽签程序放弃了对人的表现予以评判,或者说不考虑球队表现的抽签程序是没有根据的。

2014年巴西足球世界杯章程以及其后的2018年俄罗斯足球世界杯章程中修改后的小组赛晋级规则显然意识到了这一问题,并将第7项规则修改为:

---

[1] Fédération Internationale de Football Association, "Regulations 2010 FIFA World Cup South AfricaTM", Accessed July 14, 2018. http://resources. fifa. com/mm/document/tournament/competition/56/42/69/fifawcsouthafrica2010inhalt_e. pdf.

“相关球队间客场进球数计为双倍(如果不分胜负仅仅是在两个球队之间)。”[1]这一修改的缺陷极为明显,即它并不是一项终局性的条款,使晋级结果无法区分的可能性被进一步缩小但并没有彻底消除。然而它维持了理性解释标准的连贯性,人的能力(或努力)仍保有可供解释的决断力,且在“逻辑上是可能的”。

我们应当庆幸权利并没有最后交给物的选择理性,在权利的分配上,物的选择理性的边界只能是机会平等或某种程度的概率问题。任何时候混淆了人的平等机会与能力的理性才是造成帕累托自由悖论的根源,它以最终的平等评判标准否定了追求更好结果的努力,正如我们以抽签结果来描述一支球队的表现和成绩,将对能力的理性评判复归到平等机会的标准上来,将绝对的机会平等凌驾于个人能力之上,事实上就是对人的能力的否定,它鼓励了一种“谋事在人成事在天”的宿命观,即人的理性的次价值地位,阿罗定理的不适当之处就表现为在忽略或刻意回避人的理性,帕累托自由悖论试图揭示的则应当是自治理性与他者(个人或群体)理性的冲突,但一场合理的投票程序应当事实上已经回避了这一问题。具体分为两种情况:

一是这场投票并不适合自治领域而必须纳入公共领域,那么此时所谓最低限度自由的设想并不成立。

在公共领域按理性方法划分的两类投票中,权利让渡型投票并没有给最低限度自由留下太多空间,1 人 1 票以及同票同权的人人平等原则从根本上否定了自我投票其效力大于任何 1 票的可能性;权利行使型投票否定最低限度个人自由的原因可归结为行使的公权力不再具有个人自由的性质,行使公共权力本身是由让渡出来的个人自由和利益形成的合意所构成,因而公共权力的形成是先于备选对象的,且不应当因备选对象的任何人身属性而改变公共权力的构成性。

二是这场投票既可以适用于公共领域,亦可以适用于自治领域的情形。

---

[1] “g) the goals scored away from home count double between the teams concerned (if the tie is only between two teams).” See Fédération Internationale de Football Association, “Regulations 2010 FIFA World Cup South AfricaTM”, Accessed July 14, 2018. http://resources.fifa.com/mm/document/tournament/competition/01/47/38/17/regulationsfwcbrazil2014_update_e_neutral.pdf http://resources.fifa.com/mm/document/tournament/competition/02/59/22/68/regulationsfwc2018russia_short_e_v210415_neutral.pdf.

它必须同时满足的条件包括它并不为人身利益所禁止,也不为公共利益所禁止。人身利益的禁止如人的生命权、健康权等,公共利益的禁止如统治权。这种情形下常给人的误导是投票本身似乎即属于自治领域又属于公共领域,然而事实上它的本质应当是属于可让与的自治领域的权利,正如森前文所列举的看书案例,这也是森始终认为在这场投票中选民对决定自己事务的选择差异上具有优先的效力。

但森恰恰忽略了一个很重要的因素,即这样一场完全关涉个人利益并应归入自治领域的选举为什么会产生。如果没有选民一和选民二基于某种特定形式的具有法律效力的合意,整个投票行为将只不过是一个未经授权的事实行为而已。也就是说,没有先前的基于个人意愿的权利让渡,行为本身不会发生任何法律效力。而一旦形成了具有约束力的合意以后,这种情形下解释弱帕累托原则优先于最低限度自由原则的原因就基本可适用公共领域内权力行使型投票的理由。当然,这并不表明森的最低限度自由原则没有意义,事实上,在各国民商事法律中普遍适用的优先购买权就是最低限度自由原则优先于弱帕累托原则的写照。例如,我国《民法通则》第 78 条第 3 款、《物权法》第 101 条、《合同法》第 230 条以及最高人民法院《关于贯彻执行〈中华人民共和国民法通则〉若干问题的意见(试行)》第 92 条等就共有人优先购买权所作之规定就体现了最低限度自由原则相对于弱帕累托原则的优先地位,但细致的规定更加说明了这种比较并非是一种不言自明的共识。

第四章

良法的结构性生成

一、良法生成的结构性理念:创造、融合与自创生

在说明制度的结构性理念问题前,有必要就前文对制度的能动性理论再进行简要的梳理,并根据对制度理解上的区分来描述制度中的理念发展。凯尔森率先为我们展示了法律制度自我生成的发展学说,其中等级制和逻辑推演是法律发展的核心要素,它们从理论上完成了使作为规范体系的整个法律制度成为一个封闭结构的可能性。卡多佐的法律理论也可以被看作是具有规范性质的,他赞同把凯尔森主张的法律制度的闭合系统作为法制发展的理想状态,但他同时又以从立法到司法的过程驳斥了闭合系统的现实基础,当前的纯粹逻辑无法真实反映司法具有的功能,其他各项制度以及制度以外的其他力量都在深刻影响着法制的发展,司法不仅是在发现由立法过程产生的法律、阐明立法,也是在创造法律。卡多佐现实地表明了由于人类理论理性的不完全而使作为规范的法律其发展必须是与社会的、政治的、乃至哲学的共同发展。以麦考密克与魏因贝格尔为代表的制度法学派则提出了法律制度不仅是一种规范,也是一种事实。制度的事实面向——作为一种客观存在的社会事实,表明了法律以一种新的方式参与到人类的社会生活中,并由法律的规范面向与法律的事实面向共同阐明了人类的实践理性。吉本斯充分肯定了人类的理论理性和实践理性,持续变化中的法律终究是可理解的;法律富于创造,它不只是调整已有的社会秩序,同时也创造社会秩序。

制度中的理念即指制度中所包含的思想,为了不过度纠缠于制度理念的哲学认知,本书仅以体现于制度中的意志而非思想内容来呈现法律制度中理念的形态,这样同时回避的问题还包括法律制度理念的精确定义与内涵。在

以上所构建的动态的制度变迁过程中，制度变迁至少承载着三方面的意志：创造、融合与自创生。

自创生理念寓于凯尔森主张的法制闭合系统之中，他的理想模型是法制发展的理性化过程。凯尔森创设的是一个严格等级制的法制闭合系统，基本规范具有最高的效力，所有其他的规范都由基本规范按效力等级有序生发出来，其他任一规范都是对上级规范的适用和对下级规范的创制，按照这一逻辑关系，作为对法律适用的司法过程，应当也遵循该规则。当然，对凯尔森的闭合规范体系的争议颇多，其中较为有说服力的是哈特所创制的法律规范体系，哈特将法律规范分为了两类，他称为初级规则（primary rules）与次级规则（secondary rules），从内容上看，初级规则主要是设定义务，“其对象是人们的具体行为或变动”。[1] 而哈特同时也指出，初级规则蕴含着某些规则自身无法化解的“最简单之社会结构”的缺陷，这些缺陷具体指规则体系的不确定性、静态特质与社会压力的分散。法律发展的渊源属于次级规则中的承认规则（a rule of recognition）、变更规则（rules of change）以及裁判规则（rules of adjudication），这些规则并不就人们社会生活中的行为作具体规定，即并不直接调整人们的行为内容，但次级规则通过一定的特征描述、授权个人或群体引进或废止某些规则以及授权裁判的情形控制运作来促进初级规则地体系化、动态发展和效率化。因而法律体系并不是一个自上而下的规范的效力等级系统，而可以被看作是一个规则分工且规则作用于规则的循环系统，通过初级规则与次级规则的结合共同发挥法律的规范功能，且基于不同程度的结合使法治体系的发展形态形成具有显著差异的政制模式。哈特极力主张两种规则的结合，甚至声称：“奥斯丁以为他在‘强制命令’这个观念中找到了‘法律科学之关键’，其实真正的‘法律科学之关键’就是这两种规则的结合。”[2]

除哈特以外，拉兹所主张作为规范体系的法律体系亦具有相当代表性。在详细分析了凯尔森的法制体系理论模型后，拉兹指出凯尔森提出的立法权必须严格限制为法律地授权行为是一种错误的假设：其一，它无法解释最初法律效力的来源即未经授权的第一部宪法的制定；其二，它否定了一种同等效力相互证明的法律规范结构形式的存在。基于拉兹假设的固有缺陷，拉兹提出了另一个基

---

[1] ［英］哈特等：《法律的概念》（第2版），许家馨、李冠宜译，法律出版社2011年版，第74页。

[2] 同上。

本假设以弥补凯尔森基于规范间严格等级效力的法律体系理论,即"法律可以间接地使自己的创造物具有权威性"。[1] 这一假设事实上认同了法律部分的自我授权的特征,这将从根本上解决最高法律规范权力的来源问题。同时,正如拉兹指出,该假设还从理论上解决了事后法效力的合理性问题。拉兹最终并没有把法律体系内在结构的连接作用归结为等级效力,而指出由法律理论决定的个别化原则与偶然因素形成的体系内容最低限度复杂性是法律体系必然的内在关系的决定性因素,尽管两项原则的内容拉兹并没有给予详细的阐明,但拉兹坚称该原则的结合"是所有法律体系必然共同具有的内在结构"。[2]

目前来看,对一个封闭法制系统如何运行的解释仍旧尚存争议,基于若干假设的各项学说彼此借鉴又相互冲突且难于证伪,且并没有产生一个令绝大多数人接受并信服的理论,但在一个封闭的系统中制度与制度间的构成关系至少可以当作某种基本的共识。此外,卡多佐描述的一个现实的法制生长模型也不得不引起我们的关注,它表明了对法制闭合系统的外部影响和闭合系统对外部环境的影响。来自外部的影响实质是理论理性的完善,譬如哲学的影响,"不仅仅是法哲学,是关于法律起源、发展、目的及功能的理论,也包括法律体系内部的规则与概念"。[3] 对外部的影响主要指法律制度作为实践理性所具有的意志功能,它是对社会的广泛参与,这里重点要强调的是法制在现实中部分影响着社会变迁。

创造理念寓于社会变迁、法制闭合系统与人的需要之中,理想的新秩序生发于人的本性与实践理性。历史法学派的代表人物萨维尼与普赫塔据称是"第一次将发展的理念添加到法源的理论之中,并且清楚地认识到法的发展和民族的整个历史之间的联系",[4] 其学说即根源于民族的本性与民族的实践。隶属于民族意识的法意识是法的发展本身的根由,"民族确信"生发出三种法的创制形态包括制定法、习惯法和法学家法,其中制定法的目的不过是使业已形成的民众之法的内容更为确定,制定法的内容即是对民众之法的内容的某

---

〔1〕 [英]约瑟夫·拉兹:《法律体系的概念》,吴玉章译,中国法制出版社2003年版,第167页。

〔2〕 同上书,第169页。

〔3〕 [美]本杰明·N.卡多佐:《法律的成长》,董炯、彭冰译,中国法制出版社2002年版,第70页。

〔4〕 [奥]欧根·埃利希:《法社会学原理》,舒国滢译,中国大百科全书出版社2009年版,第490页。

种形式的因袭；习惯法来源于法意识产生的习俗，依法而行的习俗形成行为规则，进而演进为裁判规范，并构成习惯法的外在表现形式；法学家法与制定法有某些共同之处，即都是一种纯粹的裁判规范而非行为规则，而相较于制定法，法学家法的识别和表达形式更为丰富，包括了撰写著作、课堂传授和发表演讲等。以上三种法源的合理性就在于创造性表述了法的本质：共同的民族确信。尽管历史法学派的上述观点极易因其唯心主义标签而受到攻击，然而他们却深刻地揭示出法是民族发展的结果，民族被视为一个持续发展的有机整体，人（民族）的需要和社会（民族）发展的现实性是法律发展的基础和本质，对隐藏在人（民族）的实践或经验背景下的民族确信的准确识别是三种法源的共同理论前提。且其对民族的特殊性的强调对现代发展中国家间发展差异的比较也不无警示作用，国情之不同，不只是经济因素之不同，它更是国家间实践的不同，不同的法律变迁也正是国家与社会依各自国情发展的结果之表现与创造。除历史法学派以外，法社会学家们对法律生发于人的本性与实践理性而非仅仅是通过国家立法创制的论述，也是具有启发性的。当然，法社会学家们通常并不使用人的本性这样哲学化的词汇，他们直截了当地关注于人的需要，而更精确的表达则是关注于某种社会需要，庞德即根据社会需要背后的利益关系而将法看作是社会调控的主要方式。国家依靠其强力以立法形式创制的国家法构成了法的主要形式，然而制定法必须以社会为基础，如对善意、诚信等概念的理解必须求诸法条之外的解释，而对婚姻关系、主仆关系、企业劳动关系等不仅在不同的地域有着不同的理解，即使在同一地域的不同时期其概念也存有较大差异。国家并没能参与所有这些法律变迁过程，尤其在一个剧变的社会中国家立法的滞后性会更为明显。一种新的法学方法——“投射”体现了法律制度中的创造理念，法学的投射简单来说是指用原有法条中的法律概念解释一种新的未被预见的社会现象，这种方法在中国的法治进程中并不陌生，譬如，随着冰毒使用的泛滥，刑法解释将其包含于毒品范围之中；而随着生活方式的转变，男性向不特定对象提供不正当性服务现象的出现，卖淫罪的实施主体也逐渐扩展到男性。因而埃利希明确地指出，“任何法律发展都建立在社会发展之上，而所有的社会发展则在于人及其关系在实践进程中发生改变”。[1] 自然法学派对法律制度变迁中创造理念的强调向来是

---

〔1〕 [奥]欧根·埃利希：《法社会学原理》，舒国滢译，中国大百科全书出版社2009年版，第436页。

不遗余力的,尽管不同的法学家对自然法阐释的落脚点可能都各有不同,甚至截然相反,但无论是受传统经院哲学影响的托马斯法学派抑或根植于启蒙思想的世俗法学派,必然会从现实法制以外找寻法律的最高效力。在抨击分析法学派的主要观点如奥斯丁"法律命令说"、凯尔森"纯粹法理论"时,他们尽然采取了与法社会学派近乎完全一致的观点,并指出"只要法律的内容有一定的表达形式,即只要它与万物的本性相一致,那它就只能是法律。法律是为人制定的,因此,必须考虑人的本性,即人是理智的社会性动物,也必须考虑人所处于其中的万物的秩序"。[1] 也就是说,自然法学派同样不认为有组织的国家强力是法律生成的唯一来源,它只是法律发展的一种形式,尽管人们对人的本性的解释不尽相同,但唯有对人的本性的阐释和对万物秩序的遵循才是法律变迁的实质,而对秩序的遵循来源于人的实践理性,因而法律制度的创造理念生发于人的本性与实践理性之中,它区别于国家立法,先于国家立法而比国家立法的内容更全面更具体。

融合理念寓于新秩序与旧秩序之中,它不仅是对新旧秩序冲突的调和,还意味着将新旧秩序融为一体,生成全新的整体秩序。重申制度的不完整性是不难理解的,如果不加以解释,它甚至是一句颇有道理的废话,但本书显然赋予了这种不完整性以多重含义:首先,它表明了制度在理性上的缺失,人类理性的不完全是制度得以发展的总体原因,而在一种简化的固有秩序中,社会理性与制度理性都成为了制度生长的理由,人类对社会认知以及对制度认知的提高都深刻影响着制度本身,对社会现象的精确描述、对法律概念的准确表达透露出这样一个信息,即制度理性化是一条漫长的道路。其次,它表明了制度在实践上的缺失,实践促使新的秩序不断生成,而自法律制度诞生以来,法制对新秩序的影响就始终存在,但这种影响并非是出自国家立法的直接社会调控,法制的本意应体现为广泛的社会参与,即便将法律定义为是主权者的意志,也必须以与社会某种程度的契合为其正当性的依据,因此奥斯丁亦不免于以实现社会具体目的作为检验政府行为的尺度,[2] 从法制角度来看,新秩序

---

〔1〕［英］彼得·斯坦、约翰·香德:《西方社会的法律价值》,王献平、郑成思译,中国法制出版社2004年版,第13页。

〔2〕John Austin, *The Province of Jurisprudence Determined*, Edited by Wilfrid E. Rumble, London, Cambridge University Press 1995, pp. 241 – 293.

的含义就体现在法制的不完全预见。最后，它还表明了实践本身的不完整性，也即是说，制度下的实践远非人们所设想的那样公正，西方国家以“社会契约”为基础构想的绝对公正的理想制度在每一位哲学家或法学家那里都勾勒出不一样的图景，即使将这些理论看作是明白无误正确的（当然这是不现实的假设），但不完全的“理想制度”在理论之外仍是对绝对公正的不合理规制，旧有秩序在通过实践显现的新的秩序中越显不合理，而新的秩序与传统秩序不断磨合，此即是融合理念。

融合理念的理论前提还在于：一方面，在新的秩序产生之前，旧有秩序远非绝对公正的。正如阿马蒂亚森在回应中国是否有能力帮助世界实现全球公正的问题时，就指出正义理念“是相对公正实践的参与，而并不需要对一个绝对公正的世界的本质事先有一个全面的承诺”，[1]那些以没有取得绝对公正为斥责的理据是如此荒谬，即使抛开意识形态的差异，中国在发展自身经济与社会上的成功经验本就是巨大的贡献，实践的意义是减少现有秩序中的不公正，是对相对而非绝对公正实践的提升。另一方面，新的秩序产生之后，旧有秩序才会使一些看似公正的制度显现出不公正的一面。马克斯·韦伯在其《中国的宗教：儒教与道教》一书指出了中国特殊的宗族关系是制约中国城市特殊阶级发展的主要因素，人对宗族存有极高的人身依附性，人们的生活是一种普遍以宗族为保障的自给自足的经济形态，并始终未能形成以行政官员为主导的区域自治形态，韦伯将这一传统中华法系宗族化的特征描述为“法律的世袭结构”。因此，譬如，对中国古代的“连坐”制度，不仅可以作出政治与法律的解释，还可以从社会与经济角度来更充分的阐释该制度的成因。而对于现在的中国人来说，城市阶级与宗族的关系在实践中都发生了改变，新的秩序使“连坐”制度不仅从现代法律制度中被剔除，更从人们的法律意识中被抹去，而更广泛地用来形容现代社会生活中遭遇的不公正的连累。

二、良法生成结构模型：一个基本描述

以良法生成结构性理念的划分为基础，本书提出了从内容上体现良法发展的动态结构模型（见图 4－1），它包括以下特征：

[1] ［印］阿马蒂亚·森等：《从增长到发展》，中国人民大学出版社 2015 年版，第 6 页。

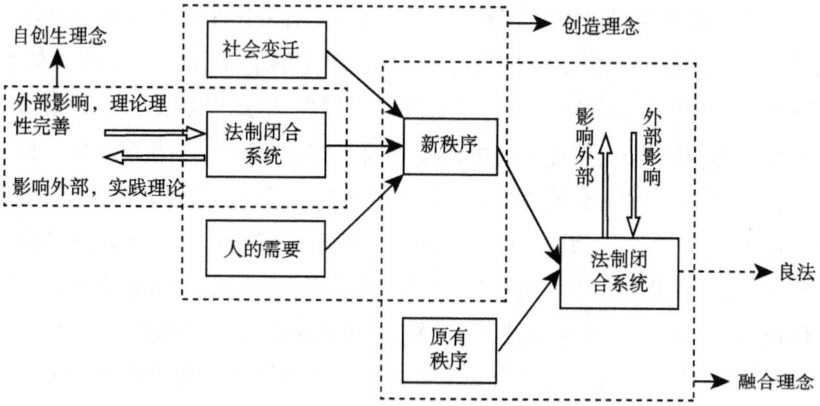

图 4－1

1. 良法的内容体现为实现人的有限理性发展地持续变迁过程。在描述良法的价值理念(见图 1－1)时,本书就已指出良法价值包含好法与坏法两个层面且其发展过程是从坏法到好法的持续变迁。中国哲学似乎并不难描述这样一种价值或理性上地无限发展与无限追求。以理性的不可穷尽而言,老子指出:"知不知上,不知知病。圣人不病,以其病病,是以不病。"[1]而以发展人类理性而言,先秦哲学家又形成了两种截然不同的态度,儒家以一种积极的态度指出对个人道德完美境界的追求,即"大学之道,在明明德,在亲民,在止于至善"。[2] 而以庄子为代表则表明了对待理性的一种消极态度,他指出:"吾生也有涯,而知也无涯,以有涯随无涯,殆矣。"[3]事实上,庄子对于理性的悲观态度源于其深刻明了人的有限理性的危害性;同时,也正如其"庖丁解牛"的寓言所阐明的义理,对某些事物客观规律的掌握也并不必定依存于理性的探知与指导。

---

〔1〕《道德经》卷七十一。

〔2〕《礼记・大学》。

〔3〕《庄子・内篇・养生主第三》。关于"知"的确切含义,有学者提出了不同看法,认为无限地追求知识并不危险,并套用儒家对"知"的解读认为这里的"知"指欲望,并以后文"为善""为恶"佐证其欲望的含义。这种看法显然并没有意识到后文"为善无近名,为恶无近刑,缘督以为经"乃庄子倡导的一种客观行为方式,并没有主观的指向,"无近名"与"无近刑"的行为准则也不可能是求诸欲望能驾驭的,同时该篇接下来的主题即"庖丁解牛"的寓言意在表明经验并不全然需要知识或理性的指导,而全然与欲望无关。因此本书认为郭象与成玄英的注疏中将其解释为"知"和"智",较能体现庄子的原意。参见[晋]郭象、[唐]成玄英:《南华真经注疏》,中华书局 1998 年版,第 66～67 页;黄瑞云:《庄子本原》,湖北人民出版社 2013 年版,第 102～103 页。

以宗教改革为契机推翻上帝的全能理性后,启蒙思想家们实际上在解答庄子疑虑的道路上开拓了一些可行的思路,而并不是证伪庄子的观念本身。有一种观点从危害的权衡中支持了人类有限理性,该观点指出:“这种自由对人类社会造成的危险,与把心灵的启发以及人们的行动和无为处理为一种垄断,或者处理为一个行会的独一无二的关注时对人类社会造成的危险相比,都要小得多。”[1]克利斯朵夫·威兰的这一论断试图就社会危害性以一种现实的角度回答“谁获准对人性进行启蒙”的问题,即一种可能的启蒙应当是由谁以何种方式来进行。威兰的回答是简短的,他直接质疑“谁不能”,从相反的角度来看,这一质疑还可被理解为一个被剥夺了思考权利被禁止思考的人在多大的程度上还能被我们生活的社会称为人。而从哲学上来说自由与垄断何者为优对现代人而言也许再清晰不过,但是支持有限理性的理论必须以我们当前认为理所当然存在的外部环境的可改变或应改变为前提,它是包括法律制度、政治制度等在内的为减小人类发挥有限理性过程中产生的危害性而创造的外部环境。倘若这些社会制度如能量守恒定律或物质守恒定律一样非人类意志所能改变,那么限制人类有限理性的努力也是徒然。因此我们并不能由此得出庄子前半部分观念的错误,正如经济学家们在创设经济模型时亦会普遍将法律制度等看作是给定的一样,我们并不希冀1位2000多年前的哲学家需要明确地向我们区分外部环境的概念,更何况他还是一位极度崇尚个人自由的哲学家,他所谓的危害性更多是就个人危害而言,事实上也就反映的是对外部环境的某种评价。

另一种观点以康德为代表,如果庄子的寓言表明了经验并不仅仅依存于理性地探知与指导,康德则意在揭示出独立于经验的理性与知识地存在。在《纯粹理性批判》一书中,康德指出人的感觉、想象力和统觉为人的经验提供了生成条件,而一切知识皆以经验为开端,因而经验也是康德哲学的核心范畴。但在康德看来,尽管经验是一切知识的开端,然而还有一些知识并不是由经验直接产生而是独立于经验,我们一般称为先天知识,它源于人类的先天认识能力并由人的感官印象生成。与经验理性相比具有严格的普遍性和绝对的必然性。幻象是典型的纯粹理性的产物,而更多的人类认知活动则是介于现象与

---

〔1〕 [美]詹姆斯·施密特:《启蒙运动与现代性——10世纪与20世纪的对话》,徐向东、卢华萍译,上海人民出版社2005年版,第85页。

幻象之间的交叉领域,即知性领域,概念是典型的知性认识方式。进而,根据内容的差异康德划分了两类判断:其一是分析判断,即谓词的内容包含在主词概念中;其二是综合判断,恰恰相反,其谓词内容并不包含在主词概念中而只是与主词具有某种联系,“由于内容,它们要么纯然是解释性的,对知识的内容没有任何增添,要么是扩展性的,扩大被给予的知识;前者可以被称为分析判断,后者可以被称为综合判断”。[1] (见图4-2)根据这种区分,庄子的寓言实际上可以作如下理解:如果庖丁解牛的方法仅仅是分析判断,那么每一次解牛的过程不过就是幻象,仿佛任何人依照自己的纯粹理性拿着刀肆意切割都算解牛的方法;如果解牛是基于经验的综合判断,[2] 那么他将无法解剖一头没有遇到过的牛,该方法本身无法吸纳新的内容;而以其丰富的经验19年“刀刃若新发于硎”而言,出于对未知领域内容原则地把握则实际上已形成了知识地扩展而转变成“先天综合判断”,正如其总结的“无厚入有间”,既非过往解牛经验所能完全涵盖,亦非仅是幻象。

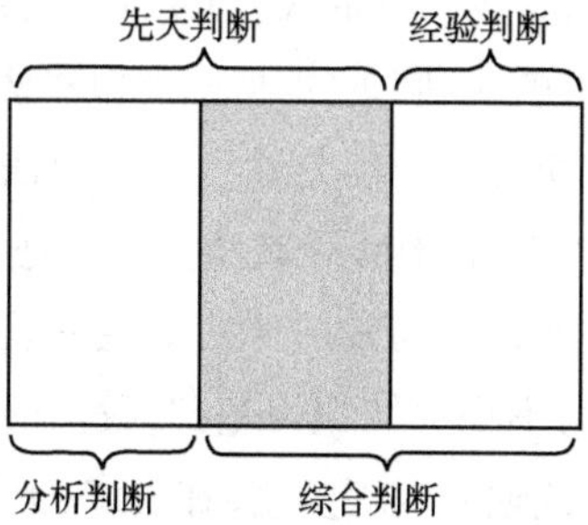

图4-2

以某种具有强制力的判断(裁判)看待法律制度,本书所指良法的结构性理念实质上意指形成“先天综合判断”过程的理念,即广泛继受“分析的先天判断”与“经验性的综合判断”的优点,一方面以内容的扩展性来确证并提升法律制度中先天判断的普遍性和必然性,另一方面保持良法生成秩序的创造性与融合性以促进内容的扩展。判断本身并不就个人理性与社会理性划分界限而是作为整体对待,使原本游离于个人自由理性之外的法律制度重新成为

[1] 李秋零主编:《康德著作全集》(第4卷),中国人民大学出版社2004年版,第267页。

[2] 按照康德的理解,“经验判断就其自身而言全部是综合的”。参见李秋零:《康德著作全集》(第3卷),中国人民大学出版社2004年版,第32页。

个人理性的部分,使人与社会的关系而非社会制度下人与社会的关系成为理性的主体,当然该理性的前提必然是经验性的认知社会理性的可塑性,即法律首先必定是经验性的综合判断。

2. 良法是以减小损害为目的的理性运用划分与对有限理性地限制。启蒙思想家们试图论证垄断比自由为害更深的努力在十七八世纪的代表性著作中不胜枚举,例如,在《百科全书》有关"理性"的注释中,狄德罗指出"我们的理性对信仰的这种顺从从不能有违于人类知识的限度,也不会动摇理性的基础;它也允许我们在各种感官的功能范围内运用它们",而如不能严格限定理性与天启范畴的信仰,"这将为最极端的宗教狂热和最荒谬的迷信打开大门"。[1]而以潘恩为代表的理性主义者则将理性看作是发现上帝的唯一途径,潘恩指出,启示应当是上帝直接传授的东西,由人传递的启示则包含了不可避免的术语与观念间的错误,除了全能的上帝外,现实中并不存在凌驾于其他人理性之上的权力,因而潘恩主张"人人有保持他的意见的权利,不管他的意见如何与我不同。凡是否认别人有这种权利的人,会使他自己成为现有意见的奴隶,因为它自己排除了改变意见的权利"。[2] 持此类似看法的还包括更早期的哲学家斯宾诺莎,他指出上帝所揭示只能是真理而非律法,因而当立法者以仁慈、公正等名义将律法宣称为上帝的启示,其至多不过是某种拟人化的表达,它是对人性的迁就,作为人类的律法与神的律法的主要差异体现在了人类律法仅仅是以普通人的理解力与不完善知识为基础,我们的立法从来不能表述为真理,而不过是以积极地方式通向真理。"实在说来,上帝的施为与统理万物,只是由于它的性质与完善的必然性,他的命令与意志是永恒的真理,永远含有必然性。"[3]

以上思想家的理论在多大程度上验证了他们的观点,还有待考证。康德提出,从运用上对理性进行划分以减小自由状态下人类有限理性招致的危险则是另一种更切合实际的方式。按照康德的界定"启蒙就是人类摆脱自我招致的不成熟状态",而导致不成熟状态的原因则是人的懒惰和怯弱,在一种受监护的状态下让渡自己的智识和理性。哲学家们都深知维护这种智识与理性

---

〔1〕 南京大学中国现代文学研究中心:《启蒙文献选编》,上海人民出版社2010年版,第89页。
〔2〕 [美]托马斯·潘恩:《潘恩选集》,马清槐等译,商务印书馆1981年版,第347页。
〔3〕 [荷]斯宾诺莎:《神学政治论》,温锡增译,商务印书馆1963年版,第74页。

的可贵，于是庄子选择通过遁世摆脱这种受监护状态以换取自身的自由，而启蒙的哲学家们则选择通过抗争以获得普遍的自由。摧毁束缚于人的桎梏并不对解决问题本身有任何益处，推翻独裁与暴政并不意味着不会形成新的独裁与暴政，中国历史上那些推翻前朝暴政的帝王无一例外的走上了专制道路。因此，康德指出，"公众给自己启蒙，这更为可能；甚至，只要让公众有自由，这几乎是不可避免的"，同时"公众只能逐渐地达到启蒙"。[1] 开启公众理性的启蒙需要自由，但却并不是为开启无序社会状态的发展进程，肆意的自由无可避免的会对整个社会带来损害，暴政无非是人为放大了的由公共资源与权力保驾护航的君王的恣意自由，它的根源在于人的有限理性。康德并没有否认庄子提出的人的有限理性招致损害的存在，因而提出了"最无害的自由"的概念。他指出人类"对其理性的公开运用必须在任何时候都是自由的，而且唯有这种使用能够在人们中间实现启蒙；但是，对理性的私人运用往往可以严加限制，毕竟不会因此而特别妨碍启蒙的进步"。[2] 所谓公开运用与私人运用，康德既非是基于对象的划分，亦非是基于权力的划分，而是仍然严格遵循了其"无害"原则，即个人作为学者向全体公众的运用被称之为公开运用外，无论公民以个人名义还是以公职人员名义的运用，都将被归结为私人运用。康德的分类传达了两个方面的含义：其一，个人理性是神圣的，是不应让与更不应剥夺的，它比我们的宗教、立法机关以及政府都有着更为基础的地位，这也是处于批判时代的康德认为依仗纯粹理性可以批判一切事物的依据。其二，保有理性与运用理性之间是存有跨度的，尽管公众的理性不容抹杀，但也不应不加限制的应用，对人类有限理性运用的顾虑本身要比康德地区分早了几千年。尽管现代社会对"最无害自由"具体内容的理解已发生了诸多变化，但肯定并保障个人理性，以减小对人类社会的损害为原则对个人有限理性的运用加以区分却是良法结构性理念的基本指向。

对人类有限理性加以限制以减小因权力或权利加诸于有限理性滥用的损害是百年来政治领域与法律领域地具体指向。以康德对理性运用之区分，除特定的公开运用不应有所限制外，一切形式地私人运用都需得到某种程度地限制，而无论是就个人权利还是公共权力的行使方式，也无论是出于私人利益

---

〔1〕 李秋零主编：《康德著作全集》（第8卷），中国人民大学出版社2010年版，第41页。

〔2〕 同上。

还是公共利益的目的,也都将被归入私人运用的范畴。也就是说,那些曾经被认为神圣不可侵犯的私有财产,以及卢梭所盛赞的“公意”(general will)——全体公民的决议或大多数人的决议,复又带上理性的枷锁而成为理性修正的对象。尽管康德对理性公开运用的情形尚有更改之余地,且“最无害自由”也仅是相对概念而并不表明其是完全无害的存在,但除非能将一些新的情形当作特定形式地理性公开运用,减小损害的一般目的还是普遍适用的。因此,当我们以限制权力来描述人类以有限理性运用权力对社会与人类自身造成地损害时,它不仅是以人权、宽容、权力分离与制衡等普遍的理念和方式来抵御那些曾被认为理所当然不受束缚的公权力,使绝对权威性与神性的外衣从公权力以及公权力的行使者身上被硬生生地剥除。它同时还表明,人权、宽容、权力分离与制衡等观念也可能是对理性地滥用。没有任何迹象表明观念本身会造成无法弥补的损害,这些主要仍处于个人防御地位的理性就现时代而言在各地也往往是构建不完全而非过于强大,但观念亦会附带上另一些强制力而给他人带来灾难性的后果。就国家层面而言,这些强制力可能不仅仅是公权力所施加,一些私权力形式更容易发挥主导性的作用,而当以争取自由、民主、人权为目的而产生的大量战争使难民流离失所,且被以保障民主与人权自居的欧洲国家视为一项严重社会危机时,[1]作为难民又将以怎样的理性看待我们自诩的文明。人类的有限理性需要加以限制而不是重塑,需要加以重新认识且保留再认识的机会而非退回任由权力肆意行使而否定个人独立地位的野蛮状态。在良法生成机制中“理性不是知识本身”常常容易被人所忽略,或者在他人看来当一种知识或称共识高于其自我理性时,也会被刻意地遗忘。过于自信的有限理性使人们忘了来自伏尔泰的告诫:“在全世界范围内,政治和理性要求每个人享有其所有,每个国家都独立自由。”[2]

良法以限制理性的损害为目的表明,法律的创制并非是仅仅将自由、民主、人权等看作是一种普遍的共识,它还必须是在实现这些价值的过程中超越

---

〔1〕 李伟建:《难民危机让欧洲坐立不安》,载《人民日报》2015 年 8 月 29 日,第 3 版;李伟建:《“颜色革命”酿苦果 “由变生乱”不胜愁》,载《人民日报》2015 年 10 月 4 日,第 3 版;吴思科:《难民潮源于自以为是的“民主改造”》,载《人民日报》2015 年 10 月 7 日,第 3 版;宫塔姆·沃尔夫:《欧洲难民危机将如何演进》,载《人民日报》2016 年 3 月 2 日,第 3 版。

〔2〕 [英]戴维·威廉姆斯:《伏尔泰政治著作选》,李竞、李媚译,中国政法大学出版社 2014 年版,第 249 页。

价值自身，这是一项来自启蒙时期的教诲。而良法运行应谨记的另一项教诲则是“理性不是知识本身”，因而良法不是结果而是过程，不是直达特定目的的过程而是循序渐进的过程。

3. 良法结构性生成的运行方式是以自创生领域、创造领域和融合领域的各自持续进行与总体推进。在良法循序渐进的持续性发展进程中，其运转以两种方式同时进行：

一方面，它是从创造领域到融合领域到自创生领域再到创造领域的无限发展过程。良法内容生成的开放性源于其本质上仍是一个“先天综合判断”，而与理性判断略有区别的是推动良法运转的动因更为明确，即社会变迁与人的需要。所谓社会变迁（social change），即指一个社会在习俗、制度或文化上的变化，尤其归因于意识形态与技术因素。[1] 与之相对应的另一个概念社会变革（social revolution）则突出了变化的剧烈性程度，它指“在社会结构与性质上的激变；专指由社会主义者或共产主义者盼望与拥护的变化”。[2] 当然，这样一种社会变革的定义本身也是具有浓重意识形态的而非一种纯粹客观的评价，正如没有人会否认作为促进人类文明的一个重要时期和事件——资产阶级革命，在推翻西方原有中世纪模式的封建统治上所具有的爆发力以及给整个社会制度带来的巨大变革。因此，如果仅认为社会变革“专指由社会主义者或共产主义者盼望与拥护的变化”，那将是对所有启蒙时期思想家、政治家们以及广大民众所付出的努力、血汗甚至生命的莫大侮辱，仿佛他们是在高度或基本认同封建社会制度的基础上为社会进步提供策略，仿佛他们是在为封建社会制度添砖加瓦的过程中“一不小心”压垮了它们心爱的封建社会制度，仿佛继尼德兰革命后蔓延整个欧洲的光荣革命、法国大革命等不过是门德尔松（Jakob Ludwig Felix Mendelssohn Bartholdy，1809 ~ 1847 年）一支支浪漫的序曲。本书所指社会变迁必然包含了社会变革，不达特定目的的循序渐进过程表明良法的结构性生成并没有一个最终设定的目的，但并不是没有目的的生发过程，因而演变过程是轻微还是激烈，这是由复杂的社会因素所决定的，本书并不论及。社会变迁主导了人的经验的改变，当其与人对制度随经验的变

---

〔1〕 J. A. Simpson and E. S. C. Weiner, *Oxford English Dictionary*, *Vol. XV*, Oxford, Clarendon Press, 1989, p. 907.

〔2〕 Ibid.

化而变化的某种需要相结合，制度的创造理念就产生了，故此良法的循序渐进过程是由理性发展秩序所决定，是法律制度从产生到融合到内化的制度理性地逻辑演变过程。

另一方面，自创生领域、创造领域和融合领域（以下简称三个领域）的运转则在逻辑的传递性与先天综合理性的发展中各自持续进行。其中创造领域和融合领域是良法推进的主体，两者更多地突出了综合判断的理性层面，而自创生领域则既具有良法推进的作用，亦具有良法理性进一步独立完善的作用，并更多突出先天判断的理性层面。

不难理解，在复杂的社会变迁中良法结构性生成的持续性运转，社会变迁总是以某种或剧烈或轻微的方式不断发生、人的需要随之产生了各种变化以及三个领域各自发展的渐进性都足以使整个结构性生成过程处于忙碌之中。只是法律制度的应对有可能并不是直接出于人的需要而以某种有效统治为目的。这样的法律运转模式对我们来说并不陌生，以汉代的一项司法制度“春秋决狱”的产生为例，在创造领域，它以原有法律制度、政治与司法中的诸多疑难案件以及独尊儒术的统治原则作为创造资料，遂有“引经决疑”的新秩序的产生，有学者指出汉景帝时期袁盎在平定“梁王之乱”过程中就较早的引用了《春秋》以解决立储所引发的政治冲突与法律冲突；[1]而当这样一种案件处理方式逐渐成为新的秩序，则新秩序与现有法律制度为准则的旧有秩序也就必然显示某些不协调之处，“故胶（东）[西]相董仲舒老病致仕，朝廷每有政议，数遣廷尉张汤亲至陋巷，问其得失，于是作《春秋决狱》二百三十二事，动以经对，言之详矣”，[2]于是在调和过程中又渐至融入到法制闭合系统。而在法制闭合系统中的运行则呈现为从两汉时期习惯法地位渐次上升为明确的法律制度，譬如，西晋时期的刑法规定，“凡为驳议者，若违律令节度，当合经传及前比故事，不得任情以破成法”，[3]继而与唐朝时期的“律”以某种形式相结合，则实际上又转而成为一个新的法制发展进程。融入法制闭合系统的规范也并非脱离了大的循环过程，我们会发现，“春秋决狱”在法律问题与政治问题的处理之间还存在着广泛的流动性，汉武帝在以《公羊春秋》作为断案依据维护法统

---

[1] 吕志兴：《“春秋决狱”新探》，载《西南师范大学学报》（人文社会科学版）2006 年第 9 期。

[2] 《后汉书·应劭传》。

[3] 《晋书·刑法志》。

的选择上即赋予了其深刻的政治意味，因而在法律案件中阐释经典义理也将是与政制同根同源的发展，并深刻影响作为法律以外之政治制度的变迁。而与社会普遍规范的流动性还在于权变思想的体现，东汉儒学家贾逵就指出"《公羊》多任于权变"[1]，意指根据《公羊春秋》之义理，则对法律之规范可行便宜从事，而不是严格遵照法律条款之明确规定。法律之行为规范变为义理之行为准则，这是从法制闭合系统在理论理性完善中转而影响社会变迁的又一典型例证。

同时，本书将三个领域描述为持续进行的过程并不仅是出于对事实的一种描述，它还是良法本身的需要。18 世纪美国历史学家乔纳森·埃立特(Jonathan Elliot)在深入总结围绕 1787 年美国制宪会议以及 1789 年新获准宪法下政府公开的发展历程时，就指出了良法生成过程的持久性对法律形成过程不容忽视的作用，即"唯持久的实体，方能制约民主制的轻率"。[2] 在乔纳森看来，没有持久运行的法律实体，以上美国联邦宪法内容地生成很可能会是另一番景象。良法并不是知识积累所能完成地生成过程，尽管良法的生成包含了知识积累的层面，但它主要仍是理性判断的生成过程，是对先天理性判断方式地积累与作为整体的经验理性判断方式地积累。动态的生成过程在于避免了重拾单纯知识积累到法制闭合系统中本应由融合理念过滤掉的理论或经验的谬误，此即静态良法生成过程的"轻率"。

4. 良法结构性生成的顺序问题。本书并不试图找寻良法结构性生成谱系的源头，因而仅在一般意义上表述良法生成是从创造领域到融合领域再到自创生领域，并以自创生领域新的法制闭合系统作为下一个循环顺序中创造领域的创造资料。还有一点需要说明的是，正如上文所列举"春秋决狱"在我国古代的生成过程表明，自创生领域还可能对社会变迁进程产生某些法律因素之外的推动作用，使已内化为法制闭合系统的规范重新成为推动法律秩序生成之社会变迁的一部分。

除以上的常规情形，现实中确实还存在打破以上顺序的良法生成秩序，且这些秩序并不是以某种失败或错误的情形出现。一项高超的立法也可能发挥

---

[1] 《后汉书·贾逵传》。

[2] Jonathan Elliot, *Debates of state Conventions on the Adoption of the Federal Constitution*, 1861, p. 422.

社会控制能力在新的秩序形成之前或新的秩序与原有秩序开始融合之前已将其纳入法制闭合系统而形成法律规范。事实上,在后进发展的发展中国家,例如,在我国,以上秩序并不少见。本书将之又大略分为两种情况:

其一,新的秩序形成之前的自创生理念。并不是每一种新的变化都会成为新的秩序,它必须在某方面与人的需要相结合而纳入法律秩序中。但在与人的需要地结合上社会变迁并不一定都具备正向的价值意义,一些对现有秩序具有破坏性的实践活动同样对人的需要产生直接影响,譬如,环境污染问题在引起人们一定的警觉后同样能促发人对保护环境的需要,而我国环境法治的历程恰好说明了法律的自创生过程先于实质性需要意识的产生。全球对环境污染的高度关注与各国国内环境保护相关立法的大规模发展开始于20世纪60年代后产生的一系列重大环境污染致害事件,如起始于1967年日本广为人知的"四大公害诉讼",即熊本县"水俣病诉讼"、富山县"疼疼病诉讼"、三重县"哮喘病诉讼"、新潟县"水俣病诉讼",实际上使日本政府与国民深刻意识到污染事件的危害性并不在造成的直接社会损失,环境的进一步恶化还会对其长期的经济增长与发展以及广泛意义的国民生存形成威胁,因而在司法适用原有法制应对体现于环境的社会变迁与人的需要的变化时,也极大的触动了日本本国的环境保护立法进程。同年日本《公害对策基本法》正式颁布实施,并在1970年年底召开的第64届临时国会上一次性通过了14部相关环境立法。[1] 而我国的环境污染虽广泛存在,李超伯在《关于〈中华人民共和国环境保护法(试行草案)〉的说明》中指出尤其大中城市的空气、水源以及其他自然资源等普遍遭到了不同程度的破坏。虽然有相关立法的出台,如1959年颁布的《放射性工作卫生防护暂行条例》,但由于工业发展的相对薄弱,并没有形成资本主义国家传统工业发展模式下环境污染法治发展的一般顺序,即由引起社会变迁与人的需求变化的事件如严重的工业致害事件等推动新的法律秩序形成并融入到法制以完成新的法制闭合系统。使我国迟至1971年才恢复联合国合法席位,并随后于1972年6月5日参与了瑞典首都斯德哥尔摩举行的联合国人类环境会议(United Nations Conference Human Environment),会后国务院随即于1972年6月批准国家计委、国家基建委《关于官厅水库污染情

---

〔1〕 当然日本地方上则更早引入到了法制闭合系统中,如1949年东京就制定和颁布了《工厂公害防治条例》。

况和解决意见的报告》而正式开始了针对水域的环境污染治理实践，紧跟着国务院及有关部门先后制定并实施了多项规范性文件，譬如，1973 年我国出台的《关于保护和改善环境的若干规定》的执行文件与《工业"三废"排放试行标准》，1974 年我国颁布的《放射防护规定》《关于防止食品污染问题的报告》等，直至 1979 年我国《环境保护法（试行）》的制定和原则通过。除上述规范的制定过程，就《环境保护法（试行）》而言，该项法律的形式"试行法"及其通过方式"原则通过"也能说明其特殊的生成顺序。"试行法"形式意指"人大常委会虽然对法律草案感到不够充分或立法条件不够成熟，而实际生活却又需要该法律加以调整，因此而予以通过的法律"；"原则通过"的通过方式意指"人大常委会委员虽然不对整个法律的具体条文全部表示同意，但对法律的基本精神表示同意，因此对该法律草案仍然予以通过的一种通过方式"。〔1〕"原则通过"与"试行"的概念性解释表明我国 1979 年的《环境保护法（试行）》对保护环境的基本精神以及在现实生活中加以调整的必要性的认同，但由于自身缺乏相关的实践以及同法律秩序的融合过程，即当时我国工业化程度的相对不发达现状而令发达国家出现的问题在我国还未有相同程度的凸显，而不得不对立法的条件及其具体立法内容予以保留。这也能够用以解释在经历了 10 年的实践后正式《环境保护法》的出台及 2014 年其修正案出台的现实意义。

其二，两种秩序开始融合之前的自创生理念。具体而言法律引进可以涵盖前述两种法律发展秩序的非常规情形，且该第二种非常规秩序更为体现了法律引进的迫切性和必要性。与法律引进极为相似的是法律移植，但学界对法律移植概念的内涵、适当性、正当性及其具体内容等仍存有广泛争议，而本书仅以最一般定义适用这一概念，即法律移植指"特定国家（或地区）的某种法律规则或制度移植到其他国家（或地区）"，〔2〕相应地，法律引进指特定国家（或地区）将其他国家（或地区）的某种法律规则或制度引进到自己国家（或地区）。并将其作为历史上世界各国法律发展的一个基本法律现象，古罗马十二铜表法对古希腊法律的引进、中世纪末期西方各国对古罗马法的引进以及德国对法国与意大利法律的引进等，无不深刻影响了整个人类社会法律发展的进程，以至于近代日本对德、法两国法律的引进以及晚清至民国对日本法律的

〔1〕 袁建国：《法律创制论》，河南人民出版社 1989 年版，第 177 页、第 179 页。

〔2〕 沈宗灵：《论法律移植和比较法学》，载《外国法学译评》1995 年第 1 期。

引进,则更是中国法律发展史上不容争辩的事实。更有甚者指出:“中国近代法的基干,并不是中国传统社会的法律,而是外国法,主要是西方法。”[1]而法律引进中两种秩序开始融合前的自创生理念意指引进他国法律解决本国出现的同类法律现象的方法,或称方法应用的理念。以改革开放的历史背景为例,如果说改革之初为畅通改革开放道路而引进的法律面前人人平等观念、无罪推定原则、辩护制度等其最初设立是否属于第二种非常规秩序尚存争议,那么在市场经济的实践中为化解市场经济发展的法律冲突或称相关新旧秩序冲突而引进的保险制度、证券制度、揭开公司面纱制度等则可视为典型的第二种非常规秩序,即将法律引进视为法制发展的捷径。简单而言,它与第一种非常规秩序的最大区别还在于其新的秩序已经产生,而与常规秩序的区别是当相关制度纳入法制闭合系统中时虽然秩序的冲突已经存在但并未或未充分开始秩序的融合。

5. 中国良法结构性生成面临的创新与法律引进。法律引进绝不是法律移植主体上的对称。根据以上分析,似乎法律移植是造成良法以非常规秩序的结构性生成的主要原因,但实际上,本书将以更广的概念范畴来理解造成两种秩序差异的原因。在常规秩序的良法生成过程中,制度发挥了两方面的创新性,即创造领域中以现有制度应对社会变迁与人的需求的变化而形成新的秩序的方法或功能的创新,以及通过秩序的融合于自创生领域中形成的新制度。后一方面又常被称为法制领域的“制度创新”。仅就理性判断而言,则良法生成创新性的两个方面都体现了理性的发展,即先天综合判断的提升,且前者更偏重先天判断的意味而后者更偏重综合判断的意味。

而法律移植的概念在多大程度上为纯粹的法律移植过程尚是一个有待考证的问题,因为制度不仅是描述性陈述,还更多地是规范性陈述。例如就法律面前人人平等这一原则来说,移植于中国的概念与原有西方资本主义国家间在理解上未必是同一的,正如现在国人对这一概念的理解与以往也不尽相同。孟德斯鸠也许较好地阐明了这层关系,他指出“一般地说,法律,在它支配着地球上所有人民的场合,就是人类的理性;每个国家的政治法规和民事法规应该

---

〔1〕 何勤华:《法的移植与法的本土化》,载何勤华等主编:《法律翻译与法律移植》,法律出版社2015年版,第94页。

只是把这种人类理性适用于个别的情况”。[1] 也就是说，根据各国具体实践活动的不同，那么对规范性概念地认知就必然存在差异，只要法律并不来自作为整体的一切人类的实践，那么法律就并不是人类理性的体现。而正是理性的差异使法律存在了差异而不只是形成差异。部分学者认为孟德斯鸠反对法律移植的态度体现为紧接着的下一个观点，即“为某一国人民而制定的法律，应该是非常适合于该国的人民的；所以如果一个国家的法律竟能适合于另外一个国家的话，那只是非常凑巧的事”。[2] 但孟氏在下这一论断之前是有两个前提的：首先，人既是一个“智能的存在物”，又是一个“物理的存在物”；其次，它还是一个“有局限性的存在物”。前者表明人既受到客观物理世界一般规律的支配，又将受到自身创造的规律的支配，两者性质上同属永恒而各自独立，并共同构成法律。后者表明人不能免于无知与错误，其根源是受到了本性的限制，“独立行动就是他们的本性”，这同时也是人们不遵守法律的原因之一。因而本书认为孟氏的后一观点也许可以用来作为反驳法律移植的论点，但就其本意而言，则仅是一种对法律规范性地差异乃至体现于理解和适用法律的理性差异的客观描述。而从积极的角度看待“独立行动”，作为先天综合判断的良法本质上还必须是不借助同一性来思维法律制度中主词与谓词这种链接的判断，因而它事实上也正是人类理性发展带动法律发展的动力源泉。

本书将这种并不纯粹的法律移植现象称之为法律引进，尽管有学者将法律移植区分为了主动与被动，但大多数殖民地类型的靠被动法律移植的法律制度对适用者而言根本算不上人类理性的产物，看似更文明的制度背后即便对认同者来说也不过是一种确信的分析判断，即将之当作具有垄断地位的正确或相对正确理性的存在，而违背了良法必须是一种“先天综合判断”的根本准则。邓小平则以更为尊重实际的态度表达了应当将此准则应用于中国特色社会主义整个制度建设中的同样观念，他指出“我们的现代化建设，必须从中国的实际出发。无论是革命还是建设，都要注意学习和借鉴外国经验。但是，

---

〔1〕［法］孟德斯鸠：《论法的精神》，张雁深译，商务印书馆1963年版，第6页。譬如，何勤华教授依据这段话将孟德斯鸠归入“认为法律移植不可能者”的行列。高鸿钧教授则认为这段话表明“与法律不可移植论密切关联的‘社会镜像论’”是孟氏的观点。参见何勤华等主编：《法律翻译与法律移植》，法律出版社2015年版，第93页、第114页。

〔2〕［法］孟德斯鸠：《论法的精神》，张雁深译，商务印书馆1963年版，第6页。

照抄照搬别国经验、别国模式,从来不能得到成功。这方面我们有过不少教训”。[1] 引进的实质必然包含了创新的因素,除了纯粹意义上的创新,即首次自发生成的新秩序以及率先完成的法制领域的“制度创新”外,创新与引进的明确界域是难于区分的。引进是人为划分时空或地域后良法结构性生成的新方式,在一个整体的连续的人类实践过程中引进形式将不复存在,而正因为当今具体实践中的良法结构性生成过程是以地区或国家为单位的法制闭合系统参与的新秩序生成过程,并最终又融合于一国或某地区的法制闭合系统,故我们实际上是将良法的结构性生成以国家或地区为界对人类的实践作了人为的区分。对引进国或地区来说,法律制度的引进固然有模仿的嫌疑,然而将法律引进看作自创生领域非基于先天综合判断的制度变化对外部的影响,包括对社会变迁或人的需要的影响,即将法律引进看作创造资料而非永恒理性,那么法制引进仍是一种创造过程。不理解各国社会变迁与人的需要之间的此种差异,也就不会明了各项法律制度在不同国家和地区不能普遍适用的真正原因。例如,在同样的英属殖民地中,有 8 个非洲国家自 20 世纪 20 年代起同中国香港特别行政区一样继受了英国法,准确地说是继受了殖民地模式的香港法,然而与中国香港特别行政区经济秩序繁荣并成为第二次世界大战后世界第三大金融中心形成巨大反差的是这 8 个紧跟中国香港特别行政区脚步的兄弟国家却在贫穷与专制的旋涡里越陷越深。因而,尽管法律引进与创新虽有区别,但本书仍将其看作是创新性过程。

三、良法生成的结构性理念变迁:创新、法律秩序与规范

社会变迁与人的需要是良法无限发展的主要动力源泉,由此形成的制度上的变化与引起变化的主导力量之间就发生了某种联系,套用熊彼特(Joseph A. Schumpeter)就经济发展中对“发展”所作定义用以描述良法结构性生成的无限发展进程,那么变化与引起变化的主导力量之间的关系可表述为“社会生活”中的这些变化——既包括外部强加于它的,也包括内部自

[1] 《邓小平文选》(第 3 卷),人民出版社 1993 年版,第 2 ~ 3 页。

行生发的变化。[1]

为了理解良法结构性生成秩序中的变化关系,我们可以直接从它的内部变化着手,即将法律制度看作是某种外在的制度,譬如,看作是经济制度的外部环境。这样一种制度环境的提法源于经济学家诺思(Douglass C. North),所谓制度环境当然也并非特指法律制度,诺斯明确指出制度环境是“用以确立生产、交换以及分配依据的一系列具有根本性的政治、社会与法律的基本规则。治理选举、财产权利与合同权利的规则即是组成经济环境之基本规则范畴的例子”。[2] 而社会现实中被视作制度环境的基本规则也并非一成不变,诺思指出以美国的法律结构为背景环境的变迁可能包含从公共部门到私人领域的多个层面,这样一种模式可以归入本书自创生领域的良法结构性生成过程,且后者往往是非常规良法结构性生成秩序的结果;又如司法解释领域的环境变迁,以卡多佐对司法中理性的发展为例将分为两种情况,理论理性的完善来自自创生领域,譬如,语义学上对某一概念的澄清或伦理学上对某以规范道德价值的重构,实践理性的完善主要来自于创造领域,即以司法实践启动了原有法制闭合系统的方法创新以应对社会变迁以及人的需求变化,是最为典型的良法结构性生成常规秩序的第一阶段;再如,公民偏好的变化,按照本书的语境即人的需求的变化,或称作为创造资料的人的需要,因而这一项变迁情形似乎无须再作过多说明。

然而诺思自己似乎都没有意识到其所谓作为制度环境的法律基本规则与经济制度间的特殊关系。他用以描述制度环境以及制度环境变迁的所有案例都来源于司法实践或立法实践领域,至于选举规则、财产权利规则以及合同权利规则亦无不是法律的直接调整对象。且正如他在后文的描述,相关的制度环境包含了 3 个维度,即“管理公民权的程度和权重的政治基本规则;私有财产的法律依据;即对共同体选择应用于特殊安排性创新的未来收支的预期权

---

〔1〕 “By ‘development’, therefore, we shall understand only such changes in economic life as are not forced upon it from without but arise by its own initiative, from within.” See Joseph A. Schumpeter, *The Theory of Economic Development-An Inquiry into Profits, Capital, Credit, Interest, and the Business Cycle*, Cambridge, Harvard University Press, 1961, p. 63.

〔2〕 Lance E. Davis, Douglass C. North, *Institutional Change and American Economic Growth*, New York, Cambridge University press, 1971, p. 6.

重——该权重是由（经济制度创新）模型外因事件引发的经验产物”。[1] 以上3个维度亦被称为内在条件（initial conditions）。然而同样对经济制度创新具有约束力的内在条件间却并不具有同等约束力，现代法治秩序预设了对一切规则领域进行评估的权力，对所有法院宣称没有管辖权的行为也就确定了该行为并不被认为违法的事实。因此，当我们在从事一项行为时，政治基本规则与社会基本规则对行为后果的影响不容忽视，正如守法成本与违法成本亦可以作为权衡法律基本规则对行为产生实质性影响的因素。然而宣称行为的合法与违法则是另一回事，倘若发生效用的政治基本规则与社会基本规则并不属于合法领域，合法却违反其他基本规则的行为将成为势必出现的现象，在法律自身不能化解冲突且在可能进行的法律修改前，冲突最终的裁决者仍然是法律。而即便以修改法律来消除原有冲突，我们会发现，法律仍旧居于最高地位。当然，此处的合法与违法问题仅就应然层面而言，并不指实际司法案件中的合法与违法判决。而无论是来自政治基本规则的影响还是社会基本规则的影响，任何“智能世界的规律”实际上还是以法律为基准。

简单来说，经济学领域制度创新与作为制度环境的法律制度的关系可以归结为“创新的过程发生在制度环境里，而环境有助于形成创新进程”。[2] 在法律领域，法律规范自然是最直接的制度，因而本书将经济学领域所探讨的制度冠以“经济制度”的名称。而在展开制度创新内容的讨论前，有必要先说明法律制度与经济制度的一个基本关系。诺思的晚期著作《制度、制度变迁与经济绩效》将制度视作决定社会中人们相互关系而设定的一些约束，并进而根据约束程度上的差异区分了正式约束与非正式约束，尽管称为制度约束，但约束同时包括了对人类行为做出禁止以及附条件的允许两个方面。与之对应，诺思继而将社会规则区分为正式规则、非正式规则与实施规则。“正式规则包括政治（和法律）规则、经济规则以及合同。”[3] 实施规则分为自我实施（self-enforcing）与第三方实施，合同自我实施的典型情形为双方熟识且重复交易，这种情况下合同双方的支付额与应付额足够接近，而第三方实施往往体现国

---

〔1〕 Lance E. Davis, Douglass C. North, *Institutional Change and American Economic Growth*, New York, Cambridge University press, 1971, p. 65.

〔2〕 Ibid., p. 64.

〔3〕 Douglass C. North, *Institutions, Institutional Change and Economic Performance*, New York, Cambridge University press, 1990, p. 47.

家以强制力保障合同的有效实施。此处主要意欲阐述的是非正式约束。与正式约束相比,非正式约束的起源更为古老,至少可以认为诞生于国家与正式规则之前的原始社会,其具体内容包括了行事准则(codes of conduct)、行为规范(norms of behavior)以及惯例(conventions)等。更为重要的是即便是正式规则存在后,非正式规则亦能独立于正式规则发挥作用,即某一地区的人们往往寻求非法律的途径解决日常纠纷。诺思在书中列举了埃里克逊(R. Ellickson)就加利福尼亚萨斯塔镇(Shasta)村民依靠法律赔偿制度以外的非正式约束解决圈养牲畜侵入他人领地造成损害的案例所作之研究,以表明摆脱法律制度核心地位的非正式约束的普遍性,实际上在中国传统社会中这样一种非正式约束的存在形式更为多样,并至少在晚清至民国时期仍趋于完备。[1] 而本书在此将着力强调法律制度对社会制度不可或缺的地位,即正如历史与现实都展现的那样,法律制度并非总是处于人们交互活动的核心地位,甚至有可能在某些社会活动范围内处于被遗忘的境地,但以非正式约束排斥或取代已由法律制度形成的正式约束,如中国古代长期存在的"息讼""厌讼"现象则是不足取的,这是一种以直观经验取代本已靠经验判断和先天判断而形成的"先天综合判断"的倒退,即除非在理性上得以证明非正式约束的正确性,则个人诉诸作为正式规则的法律制度的权利不容抹杀。也可以说,法律制度与经济制度(尤指非正式规则)的关系应当是以法律制度修改、修正或替代与之冲突的经济制度,也包括在实践中以法律制度取代与之相融的非正式规则,而不应当在现实冲突中持续并行。

在法律领域中,良法与创新的关系就可适度的变更为创新的过程发生在良法的结构性生成过程中,而良法的结构性生成有助于形成创新进程。那么良法结构性生成中的创新的具体含义又是什么呢?我们首先将引用一个相对完善且富影响力的理论来阐释良法中创新的某一具体含义,即熊彼特对经济制度所作分析的"创新理论"。熊彼特指出,经济发展并不能从经济方面加以解释,它并不以经济数据的增长作为其发展的依据,而是从经济规律以外的某种变化求得推动经济发展的动因,这样一种变化就是方法上的创新,即从生产的角度来说是实现了资源与力量的一种新的组合。简言之,包括了以下五种情形:其一,新产品的引进,即消费者还不熟识的新产品,或者就(已有)产品某

---

〔1〕 瞿同祖:《中国法律与中国社会》,中华书局1981年版,第1~269页。

种新特性不熟识的新产品的出现;其二,新的生产方法的引进;其三,新市场的开拓;其四,新的原材料或半成品供应源头的获取;其五,新的任意产业组织的实现。[1] 熊彼特尤其突出了方法创新与科技创新的区别,如第一、三、四、五种情形就纯粹属于方法而非发明创造领域,而针对第二种情形可能存在方法与发明创造领域的交叉,熊彼特还特别具体描述了其所意指的方法创新与科技创新的区别,即仅指对一种已存在的产品或产品生产方法的处理。我们以此对熊彼特以上总结再进行大胆的归纳,他分别指明了产品市场价值(重新发现)创新、产品使用方法创新、产品生产方法创新、市场运行方法创新、资源获取方法创新以及组织运行方法创新。并且以上经济制度的方法创新只是其基本单位,多种创新共存的情形也可能普遍存在。大多数现存的跨国企业在长期应对处于不断变化中的市场时,如在处理跨国公司的公私伙伴关系中就建设、经营、转让、融资等多领域体现了的方法创新。[2]

熊彼特的方法创新回避了科技创新问题,但并不表明熊皮特的经济发展理论实际上可以不采用或不涉及发明创造。相反,在熊彼特看来一位理想企业家的重要职能就在于对新的科技成果的利用,具体而言"对生产模式的改良或彻底改革"是企业家的神圣天职,其中就包括了"通过利用一项发明或更为普遍的利用一种未经试验的技术可行性以生产新产品或新方法下的旧产品"。[3] 也就是上述第一、第二种情形。同时发明的积极作用还在于经济发展中的核心地位,虽然说科技创新的推动作用并不构成经济领域方法创新的全部内容,社会发展的专业化与自动化形成了经济发展的非个人方法趋势也进一步削弱了科技创新的推动力,即将发明成果机械化的融入到动态均衡的社会与经济发展过程,但只要人类所具备的发明创造的能力及其影响力不能被经济理性完全评估与预测,那么由科技创新推动的经济发展将永不会陷于停滞。

---

[1] See Joseph A. Schumpeter, *The Theory of Economic Development-An Inquiry into Profits, Capital, Credit, Interest, and the Business Cycle*, Cambridge, Harvard University Press, 1961, p. 66.

[2] See Michael B. Likosky, *Law, lnfrastructure, and Human Rights*, London, Cambridge University Press, 2006, pp. 43 - 65.

[3] Joseph A. Schumpeter, *Capitalism, Socialism and Democracy*, London and New York, the Taylor & Francis Press, 1976, p. 132.

良法结构性生成的意义还在于通过制度的变迁为工业革命乃至基于工业革命的经济发展铺平了道路。与熊彼特极为相似的是，诺思同样提出“工业革命是创新速度的一种加速”的观点，[1]即将经济领域的创新主要归于一种方法创新。而不同于诸多社会学家，诺思开辟了一条以制度变化解释工业革命形成的探索道路。一种更普遍的看法是以蒸汽机的产生为标志的科技创新上的蓬勃发展推动了工业革命突进式的发展，然而历史表明人类的基础知识始终处于累积之中，2000 年以前出现了风车，1000 年以前出现了水车，那么为什么唯有瓦特蒸汽机、阿克赖特水力纺纱机等的出现才能带动古典时代工业革命的运转？诺思同样认为，创新形成的基础囿于人类现有知识的存量，是以现有知识成功弥合“纯科学知识”与“人类已应用的工艺”间缺口的成果，但“只有在现代，新知识的系统发展对人类取得巨大进步才是必不可少的”。[2] 简言之，是制度的持续激励作用促发了“纯科学知识”的探索。以产权为例，传统法制并没有切实体现对新工艺发展的维护，在经济学家眼中，科技创新同样是需要成本而非自发形成的，尽管新工艺发展会为发明者带来较高的收益，然而由于一项创新能被轻易地模仿，因而这项收益并不是稳定的，同时大规模的仿制亦抹杀了其创新本身的经济价值，一项创新成果在社会中的诞生同时也意味着创新成果的死亡——转变成为彻底的已有技术。产权的法律制度实际上解放了唯有通过科技创新抵制模仿从而体现创新的传统模式，即从制度上承认并以一定方式维护了创新。尽管制度的保障并不能完全取代以科技创新方式抵制模仿的效力，可口可乐公司（Coca-Cola Company）对产品保障的特许协议说明了这一点，然而制度对科技创新整体普遍的推动作用毋庸置疑。从这一角度来说，一系列制度变迁尤其是法制的强制力是保证工业革命形成的根本力量，诺思形象的将制度变迁称为“创新率的加速”。

回顾良法结构性生成过程中创新的含义大致包括了以下几点：首先，良法结构性生成过程亦是一种创新过程，一是在应对人的需求变化与社会变迁过程中方法的创新，二是在融合新旧秩序过程中生成新法律制度的制度创新。其次，良法生成与经济制度的正向关系使作为经济制度环境的良法即需要促进和保障经济制度的方法创新，且以与经济制度共同推动经济发展来体现经

---

[1] [美]诺思：《经济史上的结构与变迁》，陈昕、陈郁译，上海人民出版社 1994 年版，第 157 页。
[2] 同上书，第 161 页。

济领域法制对科技创新的间接作用。对发明与创新的典型划分方式为"发明一种新机械或发展一种新方法,然后再将其应用,是人类进步的两个不同步骤……社会科学家每每用两个名词来表示这种步骤,称第一步骤为'发明',称第二者为'创新'"。[1] 根据这一基本含义,我们就良法生成中的创新概念可作新的区分,其中发明主要涉及良法结构性生成创造领域的社会变迁,而创新主要涉及良法结构性生成创造领域的人的需要,因而两则实际上同时构成了良法生成过程方法创新的动力和基本内容,因而本书会将传统意义上的发明与创新视作基于社会变迁的方法创新与基于人的需要的方法创新。最后,还应当指出的是良法的创新含义并不止于经济学意义,它应当还包括其伦理学、政治学、哲学等多方面知识积累的综合判断,这是人们对法制的基本共识。然而人们对良法的完美设想同样会阻碍到对它的明确认知,人们普遍愿意以一种模棱两可的话语去阐述民主、正义、人权等价值的含义。因此以具体过程看待良法结构性生成中的创新至少还意味着以社会变迁与人的需求变化为前提的社会关系调整与个人行为安排。它表明正义不全是伦理学或政治学的"个人德行",也并非哲学上人与人、人与社会、人与自然的"理想关系",正义意味着"能使生活物资和满足人类对享有某些东西和做某些事情的各种要求的手段,能在最少阻碍和浪费的条件下尽可能多地给以满足"。[2]

[1] See John D. Black, "factors Conditioning Innovations in Agriculture", *Mechanical Engineering*, March, 1945. 张培刚:《农业与工业化》(上卷),华中科技大学出版社 2009 年版,第 81 页。

[2] [美]庞德:《通过法律的社会控制 法律的任务》,沈宗灵、董世忠译,商务印书馆 1984 年版,第 35 页。

第五章 良法的组织性生成

法制与组织的相互关系有时会引起一些争议，譬如，法制与组织是一种隶属关系还是平行的分离关系。一种从目的差异上对两者进行严格区分的观点认为"从概念上讲，必须明确区分的是来自运动员的规则。规则的目的是界定比赛进行的方式"。[1] 也就是说，作为组织的参与者形成的"制度"与作为制度之部分的组织制度有根本区别。正如在一项具体的赛事中，比赛规则是以确定明确而正当的运动运行方式为目的，而运动参与者的目的则是通过一定形式在竞技比赛中赢得比赛，因而它们采取的方式可能是正当的，也可能是不正当的，并可能由制度从外部对组织进行约束。曾弥漫于世界各大赛事的兴奋剂事件以及其后相继出台的世界反兴奋剂条例（World Anti – Doping Code，WADC），恰好说明了法制与组织相分离的这层关系。而具体到国家的各类政治组织如人民代表大会及其常务委员会、国务院及其部委等制定的各种形式的法律制度如法律、法规、规章等之间同样并不是直接对应的目的关系，从根本上来说，各组织的制定法律法规的过程仅是发现法律而非创造法律，因而他们只是制度变迁的代理人。参与立法的组织（指拥有立法权的机关，包括立法机关与通过授权享有立法权的行政机关）其目的在于运用立法的政治手段实现政治理想，而法制目的在为政治理想扫清障碍的同时也尤其规范立法组织的运行方式，换言之，这些组织通过行使法定或授权的立法权限实现政治理想而法制作为立法权限成果的同时也约束立法权。更为具体的组织概念可表述为："组织是出于机会集合原因下目的性意图的创造，而该机会集合则由现存

---

[1] Douglass C. North, *Institutions*, *Institutional Change and Economic Performance*, New York, Cambridge University Press, 1990, p. 4.

约束集合(制度性约束和经济理论的传统制约)所形成,且尝试实现他们(组织)目的的过程成为了促进制度变迁的主角。"[1]

一种将组织置于制度范畴之下的观点则是共时性的,如就某一经济组织而言,首先,法律制度确定了经济制度的基本规范,经济制度变迁反映相关组织行为的变化;其次,组织行为过程中包含的法律制度与该组织直接形成的相互关系,并于相互关系的变化中反映经济制度的变化;最后,法律制度确定了组织行为的基本规范,并与法律制度和组织相互关系形成的规范相结合,并反映到经济制度当中。简言之,组织处于制度中运作并回归到制度,并以制度的变迁体现其运行的社会价值。

另一种将制度置于组织范畴之下的观点则可表述为任何制度都是组织的生成物,一个组织所遵循的具有普遍约束力的行为规则或者是基于另一个组织而产生,如全国人民代表大会制定的宪法对所有国家机关的权力行使均具有普遍的约束力,而我国于 2015 年 3 月 15 日由全国人民代表大会通过的《立法法》则是一套更为具体的立法行为规则;或者是某些组织性的生成,如法国大革命时期国民制宪会议(Assemblée nationale constituante)制定的《人权和公民权宣言》(Déclaration des Droits de l'Homme et du Citoyen)或基督教信仰中形成的《摩西十诫》(תורבידה תרשע)。

其中,组织性概念的外延要宽于一般意义的组织,"组织性是社会生活的组合方面,是采取集体行为的能力"。[2] 因此,任何群体的社会存在都具有组织性,且并不以特定组合方式为限,大至联合国、国家、国际组织、跨国企业乃至天主教教会,小至家庭手工作坊、两人赛事都具可以认为具有一定的组织性。本书所论述的具有组织性的主体也不限于传统的立法机关、行政机关与司法机关等三大机关,而至少还包括以理论理性完善良法生成的法学研究教育机构以及以实践理性促进具体社会实践与法律制度关系相结合的法律服务机构。法律服务机构不可忽略的原因在于个人行为(或组织行为)与法制封闭体系并不必然发生联系,一种积极规避两者联系的行为方式包括所谓"息讼",

---

[1] Douglass C. North, Institutions, *Institutional Change and Economic Performance*, New York, Cambridge University Press, 1990, p. 5.

[2] [美]唐纳德 J. 布莱克:《法律的运作行为》,唐越、苏力译,中国政法大学出版社 2004 年版,第 100 页。

即采取“拖延”“拒绝”“感化”“问罪”[1]等方式促使当事人远离诉讼的手段。而更为普遍存在于两者关系中的相分离现象则源于“厌讼”心理，如受害者对遭受的违法犯罪行为忍气吞声，行为人对本应争取的权利和利益采取妥协的态度等。法律服务机构对“息讼”“厌讼”现象无论就形成原因抑或社会制约方面均具有明显的抑制作用，比如，明显降低了相对诉讼成本，尤其法律援助等公益机构的存在使其社会效果更为显著。再如。法律服务机构的专业化向度对“息讼”手段的抑制作用普遍上来说也明显优于个人诉讼行为，从而也提高了所追求诉讼结果的预期值，使预期得到保证。

良法的组织性生成即表明通过广泛的集体行为产生良法的过程。它包括三个层面。

其一，社会控制的有效性。马克思主义经典作家明确指出法律具有政治职能与社会职能，且政治职能的存在必须以社会职能为基础，社会先于国家而存在且是国家存在的前提，社会管理职能的充分实现是政治统治得以发挥与存续的有效保证。而从法律的社会职能而言，经济与社会的发展构成了良法价值指向的核心内容，与之对应，“善治是指对促进一国发展的经济和社会资源所实行的完善管理”。[2] 然而社会控制的有效性向来不能是以社会管理理念的完善性为起点和终点，而仅指源于不完善的价值追求。惩罚、预防和救济是法律保障经济和社会利益的基本方式。同时，庞德将救济细分为特定救济和代替救济：“法院能强制一个被告履行一项转让土地的契约，但是它不能强制去恢复一个私人秘密被严重侵犯的人的精神安宁。因此，在绝大多数场合下，金钱赔偿办法乃是唯一的方法，而这也已成了法律在任何时候的主要救济手段。”[3]即是说，特定救济指针对纯经济利益的救济方式，而代替救济是指针对具有明显人身属性的权利救济方式。而在救济范畴以外，惩罚被限定在一般社会利益范畴，预防被限定在行为发生前，因而庞德所谓救济实质上指侵害行为发生后针对私人利益的补救性范畴。我们会发现，惩罚、预防与救济的社会控制方式总是处于一种被动的状态，以预防为例，刑法常将之划分为一般

---

[1] 马作武：《古代息讼之术探讨》，载《武汉大学学报》（哲学社会科学版）1998 年第 2 期。

[2] ［英］范达娜·德赛、罗伯特·B. 波特主编：《发展研究指南》，杨先明、刘岩译，商务印书馆 2014 年版，第 938 页。

[3] ［美］罗斯科·庞德：《通过法律的社会控制 法律的任务》，沈宗灵、董世忠译，商务印书馆 1984 年版，第 32 页。

预防与特殊预防，其目的无非是抑制犯罪意图与犯罪行为，如果监禁与改造是一项有效的预防措施，那么提高监禁与改造的比例无疑能同时提高两类预防效果。然而没有人会否认为预防而预防是一项多么愚蠢的举动，就良法生成的组织性而言，预防目的并不是社会控制的终极目的，他只是实现社会控制目的的某一方面，且不以预防目的趋向完善为体现社会控制的目的；预防手段并不是实现预防目的的唯一指向，而更适宜被看作是被迫采取的手段，至少组织性的提高与现存预防手段成反比关系，即在实现特定程度的预防目的上，如法律教育、法律服务组织性的提高对预防目的效果的改善将降低监禁、改造等手段的必要性。而倘若承认惩罚、预防和救济等保障措施的共同作用亦不能完美阐述社会控制的各个方面（从康德先天综合理性的发展而言这一点当然也毋庸置疑），那么社会控制的有效性目的只能被看作源于不完善价值追求的发展过程。

其二，人的需要的延展性。当以物质世界的发展来描述人的需要的变化时，人的需要本质上介于社会固有道德与欲望之间。

一方面，物质世界与社会道德是制约人的需要的两个因素，其中社会道德具有广泛的含义，是形成理性共识与社会规范的基础。人的需要受制于物质世界与社会道德使其与欲望本身相区分，罗尔斯分蛋糕理论中的背景正义可以被认为是从理性共识的角度符合人的需要而非欲望，即一种尽量公正地分配资源以避免暴力与争夺的基本共识。罗尔斯指出人性是“自由与平等的存在”，[1] 以此为基础，人既是符合经济理性的（rational），又是符合道德理性的（reasonable），经济理性表明了人对自我作为个体的关切，而道德理性则将人更多的置于社会之中，使人在一定程度上尊重他人利益乃至普遍的正义理念。而就理性一般而言，习惯与习惯法则可被认为是物质与道德制约下对人的需要的精细化表达。当我们批判西方国家以其在某些方面较好实现了的社会制度来对发展中国家的各项正式制度指手画脚时，根据正在于此，即某些正式制度对发展中国家而言不仅是意愿，而更多的还在于能力问题。正如在良法的结构性生成顺序中所指出，由科技创新或方法创新带动的社会变迁、人的需求变化以及原有法制闭合系统方法创新等三个方面的结合而起始于创造领域的生成秩序是良法结构性生成的常规情形，而将法律的引进、体现高超立法技术

---

[1] John Rawls, *A Theory of Justice*, Cambridge, Harvard University Press, 1999, p. 223.

的理论创新等看作法制创新的非常规情形,包括社会秩序形成前的法制创新与新旧社会秩序融合前的法制创新,则代表了对即将形成的社会秩序的预见性判断。而发达国家抛出的问题则在于,当某一发展中国家并不具备推动社会变迁的科技创新与方法创新(实际上也在一定程度上取决于科技创新成果),法律封闭体系的革新能否超前实现并等待科技创新与方法创新的产生与完善?此处"超前革新"与上述两种良法结构性生成的非常规情形的差异主要在于非常规情形仍被视为一种创新,例如,法律引进不仅是对现有方法的自主性选择与引进,而引进过程还往往包含了过渡性方法的意图与应用(如上文所列举的1979年环境保护法中的"原则性通过"与"试行"等形式以及更为具体的变通规定),而"超前革新"在自主性选择与引进上也许有相似之处,但在过渡性方法上并没有完整的表达或方法应用的不合理。也就是说倘若法制不能衔接社会秩序与法律秩序之前的裂缝,尽管它可能是出于善意,但这种情形仍被视为欲望而非人的需要。

另一方面,人的需要的延展性又使其不同于固有社会道德本身。它表明"当饥荒、疾病和无知可以被消灭时,使它们长期存在,在道德上是错误的。如果旧价值观支持社会特权、剥削、迷信和遁世主义,那么保存它们就没有合理性。而且,人的认识范围不应当因为新知识很麻烦而限于传统"。[1] 对传统或者说固有价值观的批判可能来自三个方面,社会变迁的内部制约,尤以对科技创新与经济制度创新的制约;法制闭合系统的外部制约;对新的社会秩序的抑制。第一种抑制作用的成因较为复杂,然而就史实观之,1592年意大利天主教会火烧布鲁诺(Giordano Bruno)的事件可归入此种情形。第二种抑制作用主要以习惯法或固有的现实法为载体,与第一种情形不同的是,这样一种抑制作用不仅在于其道德的约束,还在于其合法的形式约束。第三种较易产生混淆,一些来自社会或国家的限制至少目前仍被认为起到了积极作用,譬如,中国政府对毒品交易市场采取严厉而坚决的禁止行动,但与之极为相似的现象如常见的地方保护主义政策直接以保障特殊利益群体为目的,则明显是通过限制市场功能来抑制发展,两者区别在于人的需要的延展性会带动起到社会融合作用的道德更新。但并非一切的新事物或新秩序都客观反映的是人的需

[1] [美]德尼古莱:《残酷的选择:发展理念与伦理价值》,高铦、高戈译,社会科学文献出版社2008年版,第238页。

求的变化,譬如,就国际规范制定的原则,基于人的需要的完整表述应当是《世界人权会议亚洲区域会议最后宣言》(Final Declaration of the Reglonal Meeting for Asia of the World Conference on Human Rlghts,也被称为《曼谷宣言》)第8条所指出:"必须要虑及国际规范制定的动态和不断发展过程这一前提,同时铭记国家与区域特性以及不同的历史、文化和宗教背景的重要意义。"总体而言,以分析判断或经验判断取代先天综合判断是制约理性发展的原因,而以对人的需要的抑制作用来偷换对欲望加以适度抑制的观念则往往成为了制约发展的工具。

其三,法律制度的环境属性。将法律制度作为外部环境的观点在经济学中由来已久,尽管至诺思才给出了明确定义,但几乎所有的经济学家在就经济现象作出具体的经济理论分析时,普遍采取将法律制度视作一种外部的、给定的研究方法。马克思主义经典作家则从社会中法律的成因角度同样表达了法律对社会发展的外在性,他指出:"社会不是以法律为基础的。那是法学家的幻想。相反的,法律应该以社会为基础。法律应该是社会共同的、由一定物质生产方式所产生的利益和需要的表现,而不是单个的个人恣意横行。"[1]因而在以法律制度为对象的论述中,我们将法律制度的这一特性称为法律制度的环境属性。同时,也正如我们在前文所论述的,良法并非一成不变,抑或某项终极追求,而是一个不断的发展过程。最新的世界银行年度报告就以往经济发展策略的总结时指出了经济制度的不确定性,"没有一份可持续消除极端贫困和促进共享繁荣的蓝图可以适用所有国家。针对最不富裕群体的战略必须根据各国情况、最新的数据分析及对象的需求量身制定"。[2] 而作为应对经济制度变迁的法律制度由于更为广泛的因变量,故从来不是一劳永逸的完美理性设计。与之相应的是来自发展经济学家们的抱怨,"法律与现代化学者最感失落的是法律未能起到发展巨轮的润滑作用"。[3] 除去这段话本身对发达国家意识形态的抨击,它还表明良法并不仅仅是抵御法律制度外部性并为经济与社会发展留下活动空间的盔甲,其主动性还在于作为一副灵活的盔甲为

---

〔1〕《马克思恩格斯全集》(第6卷),人民出版社1961年版,第291~292页。

〔2〕《世界银行2015年度报告》,载世界银行官方网:http://documents. shihang. org/curated/zh/817521468186867104/World-Bank-annual-report-2015,最后访问时间:2018年6月14日。

〔3〕Sammy Adelman & Abdul Paliwala ed, *Law Crisis in the Third World*, London & New York, H. Zell, 1993, p. 21.

经济与社会发展提供某种激励机制。两项重要的原则为:盔甲本身可以不断改进甚至重新打造;盔甲本身极为重要,但它从来不是终极目的。

基于上述对良法的表述,本书将具体以法治、人权保障与国家治理来阐述良法组织性生成的共时性问题。

一、从科学立法到立良善法

一般而言,立法实质上是一个法制化过程。抽象意义地法制化为中性概念,它既可以是严刑峻法,作为苛政酷吏的帮凶;亦可以是正法直度,作为良法善治的依据。正如本书前面所谈到,现实中地法制化并不能独立存在,而必须与一定的政体相结合,就目前的历史发展阶段来看,或属于人治,或属于法治。无疑,当代中国的国家治理属于法治范畴,其主旨强调的是将国家治理理念与人权保障理念在法治化背景下地融合,而就立法领域而言,它是以科学立法为前提,以立良善法为目标。

科学与立法的深层关系,正如经典作家明确指出的,“立法者应该把自己看作一个自然科学家。他不是在创造法律,不是在发明法律,而仅仅是在表述法律”。[1] 当然我们的立法工作并没有理想中这样尽善尽美,实质上,我们虽然致力于真实地表述法律,但一方面,这一立法活动不可能完美无缺;另一方面,我们的社会是不断发展着的,因此对法律的表述本身也是一个处于更替之中的进程,这将会使法律的滞后性更为凸显。对于科学立法,秉持这样一种信念或许是有益的,即“对于我们以为需要说明的任何事物,找出令人满意的说明”。[2]

为了找出令人满意的说明,科学立法大致可以涵盖如下三个层面:“其一,按照一定的原则建立起一个相对完整的法律体系;其二,为获得法律的真实知识而进行的系统且具历时性的整个立法研究过程;其三,使立法者得以在立法机构中从事立法活动的组织制度”。[3] 也即回答了科学立法是立怎样的法、怎样立法以及由哪些人以何种形式立法。而处于国家治理法治化语境下的科

[1] 《马克思恩格斯全集》(第1卷),人民出版社2001年版,第347页。

[2] [英]卡尔·波普尔:《客观知识——一个进化论的研究》,舒炜光等译,上海译文出版社1987年版,第202页。

[3] 李龙、余渊:《全面推进依法治国视域下的人权保障》,载《现代法学》2015年第2期。

学立法,可作如下表述:

首先,在法律体系层面,国家治理法治化要求科学立法明确区分法律秩序与非法律秩序。法律体系的完整性并不意味着法律触手的无限延伸,实现一种更灵活、更富创新性的社会秩序,才是治理理念的应有之义。联合国全球治理委员会在其1995年发表的《我们全球伙伴关系》的研究报告中就强调了治理不是一种正式制度,而是持续互动。党的十八届四中全会《关于全面推进依法治国若干重大问题的决定》则在提出推进多层次多领域依法治理过程中,进一步指出要"发挥市民公约、乡规民约、行业规章、团体章程等社会规范在社会治理中的积极作用"。这实际上表明,承认社会主体自我约束、自我管理的社会秩序既是国家和政府的共识,也是世界的共识。"法律制定者如果对那些促进非正式合作的社会条件缺乏眼力,他们就可能造就一个法律更多但秩序更少的世界。"〔1〕而就秩序,尤其是社会秩序的探求对人权的保障,不仅在于改善物质生活条件,更在于人的自主性的发挥。

其次,在立法研究层面,国家治理法治化要求科学立法在明确区分法律秩序与非法律秩序的同时,对整个秩序进行历时研究。实际上,不仅是国家治理会区分法律秩序与非法律秩序,人权亦有应有人权、法定人权与实有人权的区别,立法研究的范围之所以宽于法律体系,在于真实知识的全面性。真实知识是连接秩序关系此岸与彼岸的桥梁,一方面,要为法律之外的社会秩序的自我生长提供生存土壤,另一方面,要为法律秩序与非法律秩序创造和谐的关系。需要特别指出的是,这样做这并不是让立法研究去同化非法律领域,而是要让立法研究作为沟通的渠道,既廓清范围又建立联系。正如习近平同志提到,"完善包括市民公约、乡规民约、行业规章、团体章程在内的社会规范体系,为全面推进依法治国提供基本遵循"。〔2〕无论是国家治理法治化还是人权保障,也都必须体现其自身关系的和谐,消除法律秩序与非法律秩序以及法定人权、应有人权与实有人权之间的激烈冲突,以此才能达成真正的科学立法。

最后,在组织制度层面,国家治理法治化要求科学立法畅通治理主体的利益表达。全国人民代表大会及其常务委员会作为我国的立法机关,要体现广

---

〔1〕[美]罗伯特·C.埃里克森:《无需法律的秩序——邻人如何解决纠纷》,苏力译,中国政法大学出版社2003年版,第354页。

〔2〕习近平:《加快建设社会主义法治国家》,载《求是》2015年第1期。

泛的代表性，那么国家治理主体无疑是对各社会成员一种新的界定方式，应该被考虑在内。“一个原则乃是一个初始观念，它构成了一个思想体系的基础或第一步。”[1]而我们的立法要贯彻治理理念与人权理念，那么治理主体与社会弱势群体的利益得到充分表达是关键性的第二步。这主要有赖于我国立法机关的组织制度与相关立法法律制度的完善，而新的民主形式无疑将会在科学立法中起到巨大的作用。

但我们也应注意到，法治是一个发展的概念，“依法治国切忌掉进良善法的谎言”，[2]良法善治固然是每一部法律所意欲达到的，然而社会的不断发展意味着任何完美的法律最后也只是一座里程碑而不是终点，至善的法律是与科学精神相违背的，它否定了人的创造力——包括人的社会生活与立法活动本身。“在经验科学中无论何时一种普遍性程度更高的新理论通过校正某个旧理论而成功地说明它，那就确实标志着新理论比旧理论更深入。”[3]良善法就意味着这样一种更为深入的新理论，而不在理论本身。同时，国家治理理念与人权理念两者本身都是发展着的，因而它们对良法的需求实质是对科学立法的需求，而不是止于良法，这样说来，科学立法自身也是发展着的。

二、从严格执法到执权威法

执法有广义与狭义之分，广义的执法是指一切执行法律、适用法律的活动和过程，而本书仅就狭义概念而言，特指行政执法。执法的重要性或许借用洛克的表述最为明了，即“法律不能被执行，就等于没有法律”。[4] 这又与党的十八届四中全会公报中提出的“法律的生命力在于实施，法律的权威也在于实施”如出一辙。而确保执权威法的前提是确保严格执法。

我国改革开放以来，严格执法作为依法治国的关键一再被重申，各级政府严格依法行政，切实履行职责更是党和国家领导政府建设的行动纲领。而在国家治理法治化进程中，创新社会治理、发挥市场的决定性作用要求弱化政府权力，提倡政府进一步的放权、分权，尽管如此，我们却丝毫不应忽略政府作为

---

[1] [英]吉米·边沁：《立法理论》，李贵方等译，中国人民公安大学出版社 2004 年版，第 3 页。

[2] 李龙、余渊：《全面推进依法治国视域下的人权保障》，载《现代法学》2015 年第 2 期。

[3] [英]卡尔·波普尔：《客观知识——一个进化论的研究》，舒炜光等译，上海译文出版社 1987 年版，第 213 页。

[4] [英]约翰·洛克：《政府论》，叶启芳、翟菊农译，商务印书馆 1964 年版，第 138 页。

治理机关的重要地位。世界银行将全球治理指标概括为六个方面,分别是话语权和问责制(voice and accountability)、政治稳定和没有暴力(political stability and absence of violence)、政府效能(government effectiveness)、监管质量(regulatory quality)、法治(rule of law)、腐败控制(control of corruption),[1]实际上都表明了治理与执法的直接关联性。严格执法与国家治理的深层关系则是指:"行政官吏或政府,也就是那些赋有执行权的人,是(就"治理"一词最严格的意义来说)国家中的治理机关,因为人民已经使他们在政治体中成为整体的代表。"[2]而其中人民的权力和独立性则体现在对执法主体的授权和对执法主体保持一种经常的控制,这又体现了严格执法与人权保障的关系,即执法权源于人权且受制于人权,它的基础在于人民按照一定原则[3]结成的共同体,"一旦人群这样地结成了一个共同体之后,侵犯其中的任何一个成员就不能不是在攻击整个的共同体;而侵犯共同体就更不能不使得它的成员同仇敌忾"。[4] 为使执法权的行使不至于引起对它自身的攻讦,执法必须合乎理性,合乎规范,发挥治理主体的作用且体现对人权的敬畏,这即是严格执法的意之所向。

在国家治理论域下要同时体现对人权的保障,严格执法还必须实现向执权威法的跨越:(1)凸显个人在国家治理中的平等。治理不同于管理,表现为对市场更少的社会控制,尊重市场规律,然而市场不是万能的,资本主义国家自诞生以来的历史经验表明信奉市场万能主义终会导致市场失灵。而就人权保障而言,政府的不干预则会放任对人权的肆意侵害,这源于部分人权必须寻求公权力在人权保障制度中的严格执行。譬如,企业对乙肝患者的歧视、就业领域对性别的歧视等,都说明政府仍旧不能从社会中完全抽离它这只有形的手,"政府必须不仅仅关心和尊重人民,而且必须平等地关心和尊重人民"。[5](2)引导治理主体间利益的平衡关系。治理主体的多元是国家治理最重要的

---

[1] The World Bank Group, "The Worldwide Governance Indicators", Accessed July 14, 2018. http://info.worldbank.org/governance/wgi/index.aspx#home.

[2] [法]马里旦:《人和国家》,沈宗灵译,中国法制出版社 2011 年版,第 22 页。

[3] 卢梭表述为契约原则或说契约条件。

[4] [法]卢梭:《社会契约论》,何兆武译,商务印书馆 2003 年版,第 23 页。

[5] [美]罗纳德·德沃金:《认真对待权利》,信春鹰、吴玉章译,中国大百科全书出版社 1998 年版,第 357 页。

特征，主体的多元同时造就的还包括利益的多样化，它代表了一个更为广泛的利益表达群体。而人权的要求则是在国家治理进一步释放市场功能、进一步扩大主体利益中，国家合理的引导各主体追求利益的方式，正如哲学家蒙田的警示："不应把个人利益和欲望所滋生的尖酸刻毒称作责任感（可我们每天都在这么做），也不应把背信弃义、阴险狡猾的行为称作勇敢，有些人把自己邪恶和凶暴的天性美其名曰热心，其实他们热心的不是事业，而是他们自己的利益。"[1]政府积极地规范和引导市场，不表明控制和干预市场，更不是出于约束治理主体的利益，而是为了虑及各主体间利益实现的协调性和全面性，为市场中的弱者和新兴者提供生存和发展的空间和机会，使每个人公平分享社会发展的成果，是尊重人的经济发展权的写照。(3)树立政府的社会服务理念。"政府本位"向"社会本位"的过渡，是治理改革中政府职能转变的未来方向。政府与市场、社会的共治局面，既要体现政府与其他治理主体间的合作关系，更要体现政府不同于其他主体的服务理念。"也许我们可以这样说，把政府仅仅看作是社会控制的媒介或是调整社会关系和指引人们行为从而维护公共安全的工具的传统观点正在逐步被这样一种观点所替代，即把政府看作是社会服务的总和以及满足各种需要和愿望的一种手段，而公共安全仅仅是其中的一种需要和愿望。"[2]保障人权则是其作为社会服务总和的另一种需要和愿望。树立对社会弱势群体的尊重与关爱理念，健全社会公共设施建设如盲道、无障碍卫生间等，积极推动社会公益事业建设如法律援助和社会工作等，都将是政府义不容辞的责任。

三、从公正司法到司公信法

国家治理中的司法职能较立法、执法领域所受影响应当是最小的，因为司法职能所蕴含的"法律面前人人平等"理念本身具备了去身份化的倾向，这是与立法、执法有最大差异之处。当然，立法与执法同样需要体现"法律面前人人平等"这一基本法律原则，然而就立法而言，它必须要综合考量政治、经济、文化等多种因素的作用和影响，从而得出一项我们所认同的公正的法律。譬如，同样的行为，公职人员被认为是犯罪行为，而普通公民则不被认为是犯罪

---

[1]［法］蒙田著：《蒙田随笔全集》（下卷），陆秉慧、刘方译，译林出版社 1996 年版，第 5～6 页。

[2]［美］罗斯科·庞德：《法理学》（第 2 卷），封丽霞译，法律出版社 2007 年版，第 261 页。

或是不同种的犯罪行为,并且这样一类基于身份的规定我们并不认为是不公正的,原因就在于此。就执法而言,政府作为国家政权的执行机关,必然包含了一定的政治性。譬如,在国家治理背景下,以严格执法为前提,执法活动同样会将促进市场、社会的积极作用作为执法行为的重要考量因素,因而也会适度考量治理主体的身份,进一步来讲,执法行为本就隶属于行政行为。而司法活动则不会重新考虑这一类身份问题,仅通过确定立法中划分的身份即可。[1]

司法离社会身份的考量距离最远,因而公正司法与自然人的平等也最为接近。习近平总书记从结果论将公正司法的概念界定为:“所谓公正司法,就是受到侵害的权利一定会得到保护和救济,违法犯罪活动一定会受到制裁和惩罚。”[2]概念虽然简洁,却甚为精当而准确的道出了司法对人的平等保护:合法权利与违法行为是公正司法的核心内容,保护与惩治是公正司法的基本手段。而作为主体的人,例如,国家治理中体现为多元主体的人,也只能且必须服从公正司法的上述要求,不因主体因素的不同能有所突破。

公正司法体现了人权的平等诉求,然而不对人权的其他诉求加以完善,不将公正司法建立于现代法律价值基础上,公正司法则极易转化为不公正,“如果正义的原则只是建立在各民族的法令、君王的敕令或法官的判决上,那么正义就会支持抢劫、通奸和伪造遗嘱,因为这些行为也会得到老百姓投票拥护和相关法令的认同”。[3] 保障人权作为一项重要的现代法律原则,是确保司法公信,提升司法公信力的关键,它要求对司法的以下观念作出强化:(1)司法对人权保障的严谨态度。司法工作的不严谨对人权的侵害最直接,造成的后果

---

[1] 有学者认为司法亦存在一定的政治性,支持者主要是一些保守的思想家。可以概括为:“(1)‘法官是国家结构之下的机器,因而不可避免地要作出政治性的判决’;(2)法官‘通过他们所受教育与训练……就态度、信念与原则而言获得了显著的同一性特征,这有益于他们表达公共利益’;(3)公共利益中什么是或者不是政治问题;(4)考虑到他们作为已经成立的权力中的一部分,他们对公共利益的概念,‘是相当保守的,而非自由的’。”不难看出,司法即使被认为具备了一定的政治性,也是与执法存在根本差异的,“是相当保守的,而非自由的”。[英]马丁·洛克林:《剑与天平——法律与政治关系的省察》,北京大学出版社2011年版,第110页。

[2] 中共中央文献研究室:《习近平关于全面依法治国论述摘编》,中央文献出版社2015年版,第67页。

[3] [古罗马]西塞罗:《国家篇·法律篇》,沈叔平、苏力译,商务印书馆1999年版,第171页。

也最为严重,那是因为对司法权的私用、滥用行为将直接损害司法的公信力,并从根本上损害整个法律秩序。正如卢梭指出的:"一旦法律丧失了力量,一切就都告绝望了;只要法律不再有力量,一切合法的东西也都不会再有力量"。[1] 我们必须意识到,一项权利能够得到救济,但公信力却不易弥补。(2)司法对人权保障的审慎态度。审慎司法一方面源于人类对司法的不完全认知,我们的司法时常会出错,除了刑讯逼供、变相体罚等人为因素外,司法活动自身也存有无法克服的致错因素,正如蒙田指出,"我们并不掌握法律和完美司法的真实目的,我们使用的是它的影子和图像"。[2] 这就要求司法公信需要坚持疑罪从无、非法证据排除等法律原则。审慎司法另一方面源于对预期利益的不完全填补。譬如,冻结与查封一方当事人的财产,不仅要合法,且要以必要性为前提,如果我们承认国家治理主体的无限潜能,那么任何非法或不必要的保全行为对当事人造成的损失都可以视作无法弥补的,因而司法公信要求在法律范围内进一步维护治理主体的合法利益。(3)司法对人权保障的积极态度。被动性是司法的一项基本特征,以不告不理为原则,司法对人权保障的积极态度则表现为"告则积极帮助"。事实上,这并不是对不告不理原则的修正,而是早已体现在现有制度中,譬如,我国刑事诉讼法中对法院指定辩护人情形所作之规定,即是保障犯罪嫌疑人基本人权,积极提供司法援助的例证。国家治理理念促进了治理主体间行为方式的多样性,市场与社会潜能的激活亦使更多的社会成员卷入纠纷,那么在诉讼中合理整合社会资源为更为多样性的弱势群体提供现实帮助,是保障人权,提升司法公信力的重要举措。

四、从加强法律服务到法律服务协调

法律服务是直接参与社会,服务于人的日常生活,通过提供法律知识和技能来帮助实现当事人特定目的或权益的一项社会活动。法律服务的蓬勃与兴盛直观体现了一国法治的发展水平,它是连接人(作为人权主体与一国公民)与法的重要桥梁,通过打破法律资源的人身依附性而促进法的社会功能的发挥。著名社会法学家尤根·埃利希指出:"无论是现在还是其他任何时候,法

---

〔1〕［法］卢梭:《社会契约论》,何兆武译,商务印书馆2003年版,第164页。

〔2〕［法］蒙田:《蒙田随笔全集》(下卷),陆秉慧、刘方译,译林出版社1996年版,第8页。

律发展的重心不在立法、法学，也不在司法裁决，而在社会本身。”[1]法律服务作为国家治理法治化最为重要的内容，就源于其深深地扎根于社会实践，并作为社会实践的一部分扮演了越来越重要的角色。

加强我国法律服务领域法治化建设，人是法律服务的核心，人权保障与市场规律是法律服务建设的两项基本准则。法律服务法治化的核心是人而非国家和社会，这不仅是因为法律服务首先是基于人的需要，还因为法律服务是对人的服务以及法治化的根本目的是促进实现人的全面发展，查士丁尼在《法学阶梯》中指出，“首先考察人，因为如果不了解作为法律的对象的人，就不可很好的了解法律”。[2] 那么当人成为了法治的主体与目的时，同样可以说，如果不了解法律保护对象的人，就不可能很好地了解法律服务法治化的内涵。

加强法律服务建设，要求保障人权与尊重市场规律。公平与效率问题是我国在发展市场经济过程中常萦绕于中国特色社会主义法治建设的两项重要价值，并伴随对其认识的深化而进行着调整，具体于法律服务领域则凸显为人权保障与市场规律的辩证关系。我国律师分类制度从一定程度上体现了人权保障与市场规律的均衡关系。公职律师制度是国家参与法律服务的一种形式，除了维护国家利益，其“不得为社会提供有偿服务”的行为准则表明了其在社会生活中的纯公益性以及分离于市场经济调控的特性。然即便公职律师不受市场经济调控，但仍须遵循市场规律，不得在行驶其职权时破坏社会主义市场经济。公司律师制度则表现出了另一个极端，即仅为市场提供服务。当然公司律师服务于市场是仅就其职业特性而言，并不具有人身约束性，也就是说作为一名律师，公司律师还是可以从事保障人权的公益服务。[3] 社会律师则介于两者之间，既可以出于市场的动因，亦可以出于保障人权的动因；既可以有偿，亦可以无偿。

限于篇幅，本书暂且不就人权保障与市场规律的相互关系作深入探讨，而

---

〔1〕［奥］尤根·埃利希：《法律社会学基本原理》，叶名怡，袁震译，九州出版社 2007 年版，前言第 1 页。

〔2〕［古罗马］查士丁尼：《法学总论——法学阶梯》，张企泰译，商务印书馆 1989 年版，第 11 页。

〔3〕保障人权的法律服务并不仅限于无偿的公益形式，部分有偿法律服务也体现出保障人权，同时，为市场主体提供法律服务同样也可以包括保障人权的内容，这是由法律服务的性质决定的，因此不能简单地将有偿服务与市场服务排除于保障人权的法律服务范畴，尚需要具体分析。但一般来说，无偿的公益法律服务都可归结到保障人权的范畴。

主要指出法律服务在促进对人权的保障与市场功能的发挥中,人、社会与国家的作用同样重要。“人类最理想的状态是一种社会生活的状态。人们在社会生活状态中的非正义行为和暴力行为产生了对于政权的要求”,[1]而正是非正义行为和暴力行为构成了法律服务的主要原由,因而法律服务对政权的要求可以被认为是正当的和必要的。我国《法律援助条例》第3条规定“法律援助是政府的责任”说明了我国已将这一要求规范化和现实化。

加强法律服务并非加强管控,而是要遵循一项重要的行为准则,即“你的行动,要把自己人身中的人性和其他人身中的人性,在任何时候都同样看作是目的,永远不能只看作是手段”,[2]从而实现法律服务的协调发展。上述行为准则表明,人是目的,且在任何时候自己与其他人同样是目的,而人作为一种广泛的目的存在,必然内在要求对人权的协调,亦即法律服务领域的协调。我国法律服务协调主要表现在了三个方面。

(1)治理主体在法律服务领域的协调。国家治理的多元共治即政府的“他治”、市场主体的“自治”、社会组织的“互治”、人民群众的“主治”是法律服务协调的基础。其一,人民群众“主治”的含义即是指一种主体的治理。“具体的人是社会的人,不能把人从他的社会性中抽象出来。”[3]也就是说,人是具体的存在,将人的社会性完全抽象,视为纯粹的社会存在,这是不符合人的本性的。人不能仅仅是社会身份的存在,如人的职位、肤色、国籍,他还必须回到对人的主体性认知,人即是作为人的人的存在本身。“主治”(与另一层面的法治)是体现人权保障最根本的原因。其二,政府、市场主体、社会组织与人民群众同为国家治理法治化的治理主体应通过相互协调实现社会秩序的稳定,这是法治化的要求:“法是一种行为准则,旨在同时实现社会秩序和正义。法律规范意在调整政治与经济之间的关系,使二者协调平衡。最重要的实际目的是稳定社会秩序。”[4]而法律服务领域的政治与经济关系就体现在了人权保障与市场经济秩序,他治、自治、互治与主治作为治理主体的多样化方式,也就是协调法律服务领域的人权与市场规律,维护稳定的治理秩序。

---

〔1〕［英］威廉·葛德文:《政治正义论》,何慕李译,商务印书馆1982年版,序言第10页。

〔2〕［德］康德:《道德形而上学原理》,苗力田译,上海人民出版社2005年版,第48页。

〔3〕［俄］尼古拉·别尔嘉耶夫:《人的奴役与自由》,徐黎明译,贵州人民出版社2007年版,第79页。

〔4〕［法］莫里斯·奥里乌:《法源:权力、秩序和自由》,鲁仁译,商务印书馆2015年版,第62页。

(2)治理层次在法律服务领域的协调。在不同治理层次中,协调的重点和难点是基层法律服务。基层是社会矛盾的多发地带,同时基层的广泛性也决定了基层矛盾的复杂性,因而基层也是社会矛盾化解的中心区域。基层法律服务的协调体现为对基层自治与法制的相互作用,且自治居于主导地位,“给社会秩序以一定程度的自治性,这本身对于人为法的生命力就是相当必要的”[1]。党和国家对基层法律服务也越来越重视,提出了“建立重心下移、力量下沉的法治工作机制”,这同样应该被视为充分尊重基层自治下对法治的强化。

(3)治理区域在法律服务领域的协调。市场发展的不均衡构成了法律服务领域在治理区域上的不协调,更准确地说是造成了法律服务的区域隔离,在我国集中反映在了偏远不发达地区的法律服务严重不足。事实上,我国广大的农村落后地区法治发展极为不均衡,这是多方面造成的,譬如,曾被广泛讨论的法律意识层面上的“秋菊之惑”,现今引起广泛关注的法律资源层面上的“留守儿童”“空巢老人”问题。现今的这种趋势将人权保障问题更为显现出来,这源于对老人与儿童人权保障的全面性需求与资源严重不足的尴尬。对这些市场暂不能发挥重大作用的区域,国家与社会的协同作用是协调该区域法律服务发展的根本途径,譬如,国家资金的投入、政策的利导以及广泛征求自愿者等。并且与治理层次相较,治理区域问题更具有根本性,也就是说,对于基层经济落后地区,适用治理区域协调方式更为适宜。

五、从完善法学教育到法学教育创新

完善我国法学教育,首先在于明了我国法学教育意之所指。本书认为应从三个方面来加以认识。

1. 它是大学教育。被称作欧洲“万校之母”的博洛尼亚大学开启了大学教育以及现代学院式法学教育之先河。大学是探寻知识的场所,代表了知识的共同体,现代大学的职能在培养人才,大学教育的意义在于追求知识本身。著名教育哲学家纽曼(John Henry Newman)指出:“它是教授全面知识的地方。这说明了它的宗旨,一方面,是心智性的,而非精神性的;另一方面,是对知识

〔1〕 [法]莫里斯·奥里乌:《法源:权力、秩序和自由》,鲁仁译,商务印书馆2015年版,第72页。

的普及和扩展，而非提高。”[1]学院式法学教育要区别于传统受徒式法学教育，不能仅将法律的研习当作一门通过仿效熟练掌握的技艺，而应将法律视作一门科学，以探求真理的态度和方法对待法律。

2. 它是法治教育。法治教育是获得法治的知识或有关法律的各项技能，是作为探求知识的研究活动，同时，它还应当是对法治的某种信仰，对法治精神的追求以及法律思维的养成。法治的发展推动法治教育的完善不仅完善教育自身，还是对法治的完善。现代法治精神要体现出文明的轨迹，公平、民主、科学、人权等价值理念都应包含其中。

3. 它是人的教育。法学教育归根结底是人的教育而非训练人的教育或铸造人的教育，是实现人的教育。这即是康德所指“人是目的”的同义语。如蔡元培所说：“教育是帮助被教育的人，给他能发展自己的能力，完成他的人格，于人类文化上能尽一分子的责任；不是把被教育的人，造成一种特别器具，给抱有他种目的的人去应用。”[2]关于教育最本质的含义就在于它永远都以人为中心，任何其他目的与技艺的达成绝不能取代人的价值本身。

完善法学教育，目的因是必须要考虑的首要问题。“法学院一旦拥有明确的使命、完成使命的计划以及衡量该使命成败的能力与愿望，那么该法学院会实现卓越。”[3]一旦目的因变得混淆不清，不仅整体目标无法实现，具体的课程设置、教学方式以及其他教学工作的开展也会陷入不稳定乃至混乱不堪。一般而言，法学教育的目的因可分为或基于的学生（修习法律者）的需要，或基于国家的需要。从民国至今，就法学教育[4]的目的而展开的几次探讨，也多是围绕这两个方面。从学生的需要出发，法律教育的核心理念应求诸大学教育之理念，本书认为，即是陈寅恪先生于《王观堂纪念碑铭》中所提到的“独立之精神，自由之思想”。具体到法律教育之目的，燕树棠将其全面的概括为取得法律专门知识与具有“法律头脑”。“法律头脑”即是指将所学法律专门知识应用于社会实践的法学精神，包括四个条件，即“社会的常识；剖辩的能力；

---

[1] ［英］约翰·亨利·纽曼：《大学的理念》，高师宁等译，贵州教育出版社2003年版，第21页。

[2] 蔡元培：《蔡元培谈教育》，辽宁人民出版社2015年版，第32页。

[3] ［美］罗伊·斯塔基等：《完善法学教育——发展方向与实现途径》，许身健等译，知识产权出版社2010年版，第6页。

[4] 本书并不将法学教育与法律教育做细致的区分。

远大的理想;历史的眼光”。[1] 从国家的需要出发,丘汉平作了最宏观和直白的回答,即“法律教育的目的,浅而言之,不外四端:其一,训练立法及司法人才;其二,培养法律教师;其三,训练守法精神;其四,扶植法治”。[2] 改革开放以来,我国学者就国家需要的法律人才则进行了广泛的讨论,复合型、应用型人才的培养目标渐成通说。[3] 到党的十八届四中全会期间,党和国家更是在《中共中央关于全面推进依法治国若干重大问题的决定》中具体提出法学教育新的方针:“建设通晓国际法律规则、善于处理涉外法律事务的涉外法治人才队伍。”预示着我国的法学教育目标已发展为培养复合型、应用型、国际型的法律人才,与国家治理法治化的发展相一致。

学生的需要是法学教育创新的基础和动力,国家的需要是创新的保障和助燃剂。学生的需要与人权密不可分,无论是对“独立精神、自由思想”的追求,还是获得法律专门知识以及提升学力造诣,都不应受到横加干涉,学生的需要作为教育权的一部分,既要体现人权,也不得超越人权。而国家的需要,必须以不侵犯人权为原则,以与学生的需要为主体相融合,这也是国家治理法治化的应有之义。“教育的目的,是为国家培植人才;法律教育的目的,是为国家培植法律人才”,[4] 表达学生需要与国家需要相融合的部分,但不能看作是对学生需要的限制。就学生的需要来讲,国家的需要也是学生不可不考量的因素,“谁如果想要在学问研究中获得无上大用,并且与荣耀相伴,他就应该为国家之善或公民公共的善而修养其身”。[5] 在国家治理法治化与人权保障的相互关系中,我们对法学教育法治化还须有以下认识。

1. 法学教育是通识教育也是专业教育。法学教育是一种通识教育的观念起源很早。中世纪教育理论家弥尔顿(John Milton)在其《论教育》一文中,就

---

〔1〕 原文称有五个条件,疑为笔误。参见孙晓楼等:《法律教育》,中国政法大学出版社 2004 年版,第 142 ~ 144 页。

〔2〕 孙晓楼等:《法律教育》,中国政法大学出版社 2004 年版,第 137 页。

〔3〕 参见刘作翔:《法制现代化进程中的中国法律教育》,载《中外法学》1994 年第 5 期;曾宪义:《中国的法学教育体制及改革》,载《法学家》1998 年第 5 期;李龙:《“共创中国法学教育的未来”研讨会上的发言》,载《法学家》1998 年第 6 期;贺卫方:《“共创中国法学教育的未来”研讨会上的发言》,载《法学家》1998 年第 6 期。

〔4〕 孙晓楼等:《法律教育》,中国政法大学出版社 2004 年版,第 11 页。

〔5〕 [意]维柯:《大学开学典礼演讲集——维柯论人文教育》,张小勇译,上海人民出版社 2012 年版,第 50 页。

把法学教育置于研习诸多学科，如道德著作、经济学、语言学、政治学的基础上，“以后，他们投入法律和法官的锻炼。首先是演讲，用摩西的论据，以致被却认为人类精华的、被赞美的希腊的法典制定者：莱克格斯、梭伦、赞里卡斯、夏伦德斯（Harondas）以及罗马的法典和十二铜表法。然后学习撒克逊语和英国的习惯法和法令”。[1] 另一位中世纪教育理论家玖恩·L. 维夫斯（Juan Luis Vives）主张学校教育不是通识教育，学校的任务仅在于提供专门的教育，而与其他种类教育相区别，“对每种科学或艺术必须指定一组书，要在学校里读和解释，其他，在课外自己读”。[2] 调和通识教育与专业教育关键在于教育的系统性与开放性。“知识成了系统即是学问”，[3] 而唯有大学能提供系统而相对完善的教育，把专业教育看作是大学法律教育的本质并不为过。另外，知识体系本是无限延伸的，作为集中优势资源的大学正好为精神与思想的发展提供了更为自由的空间，通识教育体现了对人的发展的尊重，根本是对人权的尊重。法学教育将通识教育与专业教育相统一，即是指将系统性的法律教育看作大学教育的职责，而另一项职责是为通识教育提供可供选择的平台。譬如，历史学、哲学等应否视作法学的通识教育纳入法学教育，实际上取决于这些学科本身是否属于法学教育系统，而与通识教育的影响无关。而复合型人才，则可看作是受到两种以上专业教育的人才。

2. 学教育是博雅教育更是职业教育。认为法学教育不是职业教育恐怕是碍于职业教育的功利性，这实际上是对职业教育的误解。如果法学教育是一门专业教育，那么法学教育就不应该不是一项职业教育。对法治真理的探求从来就不应限于对问题的抽象思考，它还寓于律师执业、法官执业、立法人员参与立法之中。问题的关键是如何在职业教育中体现博雅教育。事实上，马克斯·韦伯早已对这一问题作了解答，通过将经验式法律训练与学院式法律训练加以区分，指出大学里的现代法律教育即是学院式法律训练的最纯粹类型，它是“作为一门‘科学’的法律”，“以最纯粹的形式体现了一种特别专门的理性法律教育”。[4] 可以说，学院（大学）的职业教育本身就是博雅教育。

---

〔1〕 吴元训选编：《中世纪教育文选》，人民教育出版社2005年版，第553页。

〔2〕 同上书，第244页。

〔3〕 梁漱溟：《教育与人生——梁漱溟教育文集》，当代中国出版社2012年版，第260页。

〔4〕 [德]马克斯·韦伯：《经济与社会》（第2卷上册），阎克文译，上海世纪出版集团2010年版，第920～928页。

明确了职业教育在法学教育中的重要地位，我们才能更为明了法学教育在国家治理法治化中应起到的作用，创新法制人才培养机制，在于积极融合学生的需要与国家的需要，以保障人权为前提，畅通法学教育方式的革新以适应国家治理的发展需要。正如意大利哲学家维柯指出："用益和美善从不离分。"〔1〕

〔1〕 [意]维柯：《大学开学典礼演讲集——维柯论人文教育》，张小勇译，上海人民出版社2012年版，第56页。

参考文献

一、中文专著

[1]《马克思恩格斯文集》,人民出版社 2009 年版。

[2]《马克思恩格斯选集》(第 1 卷),人民出版社 1995 年版。

[3]《马克思恩格斯全集》(第 3 卷),人民出版社 1960 年版

[4]《邓小平文选》(第 2 卷),人民出版社 1994 年版。

[5]《马克思恩格斯全集》(第 42 卷),人民出版社 1979 年版。

[6]中央文献研究室:《十一届三中全会以来重要文献汇编》(上),人民出版社 1982 年版。

[7]国务院新闻办公室:《国家人权行动计划(2012 ~ 2015 年)》,人民出版社 2012 年版。

[8]中国社会科学院法学研究所:《当代人权》,社会科学文献出版社 1992 年版。

[9]宋月华、李志强:《法治与人治问题讨论集》,社会科学文献出版社 2003 年版。

[10]沈宗灵:《现代西方法理学》,北京大学出版社 1992 年版。

[11]苗力田:《亚里士多德全集》(第 1 卷),中国人民大学出版社 1990 年版。

[12]苗力田:《亚里士多德全集》(第 9 卷),中国人民大学出版社 1994 年版。

[13]王晓朝:《柏拉图全集》(第 3 卷),人民出版社 2003 年版。

[14]张文显:《二十世纪西方法哲学思潮研究》,法律出版社 1996 年版。

[15]李君如:《社会主义和谐社会论》,人民出版社 2005 年版。

[16]李步云:《论人权》,社会科学文献出版社 2008 年版。

[17]李龙:《人本法律观研究》,中国社会科学出版社 2006 年版。

[18]李龙:《良法论》,武汉大学出版社 2001 年版。

[19]李龙:《宪法基础理论》,武汉大学出版社 1999 年版。

[20]汪习根:《法治社会的基本人权——发展权的制度研究》,中国人民公安大学出版社 2002 年版。

[21]汪习根、汪火良、武小川:《法治中国:民主法治精神举要》,中国人民大学出版社 2014 年版。

[22]余英时:《中国传统思想及其现代变迁》,广西师范大学出版社 2004 年版。

[23]张培刚:《农业与工业化:农业国工业化问题初探》(上卷),华中科技大学出版社 2002 年版。

[24]马长山:《国家、市民社会与法治》,商务印书馆 2002 年版。

[25]徐亚文:《程序正义论》,山东人民出版社 2004 年版。

[26]钟会兵:《论社会保障权的实现》,中央编译出版社 2007 年版。

[27]董云虎:《中国人权状况白皮书总览》,新华出版社 1998 年版。

[28]曾令良、冯洁菡:《中国促进国际法治报告(2014 年)》武汉大学出版社 2015 年版。

[29]何清涟:《现代化的陷阱》,今日中国出版社 1998 年版。

[30]卓泽渊:《法治泛论》,法律出版社 2001 年版。

[31]白桂梅:《人权法学》,北京大学出版社 2011 年版。

[32]苗贵山:《马克思恩格斯人权理论及其当代价值》,人民出版社 2007 年版。

[33]熊万鹏:《人权的哲学基础》,商务印书馆 2013 年版。

[34]刘连泰:《国际人权宪章与我国宪法的比较研究》,法律出版社 2006 年版。

[35]朱文华编选:《反省与尝试》,上海文艺出版社 1998 年版。

[36]李文良等:《中国政府职能转变问题的报告》,中国发展出版社 2003 年版。

[37]张旭:《人权与国际刑法》,法律出版社 2004 年版。

[38]张恒山:《法理学·共和国六十年法学论争实录》,厦门大学出版社2009年版。

[39]郑永年:《全球化与中国国家转型》,郁建兴等译,浙江人民出版社2009年版。

[40]夏勇:《人权概念起源》,中国政法大学出版社1992年版。

[41]汪子嵩、范明生、陈村富、姚介厚:《希腊哲学史》(第3卷上),人民出版社2003年版。

[42]许倬云:《中国文化的发展过程》,贵州人民出版社2009年版。

[43]《摩奴法典》,[法]迭朗善译,马香雪转译,商务印书馆1982年版。

[44][古希腊]亚里士多德:《政治学》,吴寿彭译,商务印书馆1965年版。

[45][古希腊]柏拉图:《法律篇》,张智仁、何勤华译,上海人民出版社2001年版。

[46][古希腊]第欧根尼·拉尔修:《名哲言行录》(下),马永翔、赵玉兰等译,吉林人民出版社2011年版。

[47][古罗马]西塞罗:《法律篇》(第1卷),苏力译,商务印书馆2004年版。

[48][奥]凯尔逊:《法与国家的一般理论》,沈宗灵译,中国大百科全书出版社1996年版。

[49][奥]凯尔森:《纯粹法理论》,张书友译,中国法制出版社2008年版。

[50][奥]曼弗雷德诺瓦克:《国际人权制度导论》,柳华文译,北京大学出版社2010年版。

[51][奥]欧根·埃利希:《法社会学原理》,舒国滢译,中国大百科全书出版社2009年版。

[52][德]马克思:《黑格尔辩证法和哲学一般的批判》,贺麟译,上海人民出版社2012年版。

[53][德]马克斯·韦伯:《经济与社会》(第2卷上册),阎克文译,上海人民出版社2010年版。

[54][德]耶林:《为权利而斗争》,胡宝海译,中国法制出版社2004年版。

[55][德]约瑟夫·夏辛、容敏德编著:《法治》,阿登纳基金会译,法律出版社2005年版。

[56][俄]尼古拉·别尔嘉耶夫:《人的奴役与自由》,徐黎明译,贵州人民

出版社 2007 年版。

[57][法]狄骥:《法律与国家》,郑戈、冷静译,辽海出版社 1999 年版。

[58][法]卢梭:《论人类不平等的起源和基础》,李常山译,商务印书馆 1962 年版。

[59][法]卢梭:《社会契约论》,何兆武译,商务印书馆 1982 年版。

[60][法]孟德斯鸠:《论法的精神》(上卷),许明龙译,商务印书馆 2009 年版。

[61][荷]斯宾诺莎:《神学政治论》,温锡增译,商务印书馆 1963 年版。

[62][加]麦克尔·崔贝尔考克、[美]罗纳德·丹尼尔斯:《法治与发展》,冯川、郭安康、沈志平译,南京大学出版社 2014 年版。

[63][美]安·塞德曼、罗伯特·塞德曼:《发展进程中的国家与法律》,冯玉军、俞飞译,法律出版社 2006 年版。

[64][美]本杰明·N·卡多佐:《法律的成长,法律科学的悖论》,董炯、彭冰译,中国法制出版社 2002 年版。

[65][美]波斯纳:《法理学问题》,苏力译,中国政法大学出版社 2002 年版。

[66][美]布罗姆利:《经济利益与经济制度——公共政策的理论基础》,陈郁译,上海人民出版社 1997 年版。

[67][美]德尼·古莱:《发展伦理学》,高铦、温平、李继红译,社会科学出版社 2003 年版。

[68][美]富勒:《法律的道德性》,郑戈译,商务印书馆 2005 年版。

[69][美]杰克·唐纳利:《普遍人权的理论与实践》,王浦劬译,中国社会科学出版社 2001 年版。

[70][美]迈克尔 P. 托达罗、斯蒂芬 C. 史密斯:《发展经济学》(第 11 版),捏巧萍、程晶蓉、汪小雯等译,机械工业出版社 2014 年版。

[71][美]塞缪尔·亨廷顿:《文明的冲突与世界秩序的重建》,新华出版社 1998 年版。

[72][美]唐纳德 J. 布莱克:《法律的运作行为》,唐越、苏力译,中国政法大学出版社 2004 年版。

[73][美]托马斯·潘恩:《潘恩选集》,马清槐译,商务印书馆 1981 年版。

[74][美]威尔·杜兰:《世界文明史》(卷一下册),幼狮文化公司译,东方

出版社 1999 年版。

[75][美]约翰·罗尔斯:《正义论》,何怀宏,何包钢,廖申白译,中国社会科学出版社 1988 年版。

[76][美]N. 维纳:《人有人地用处——控制论和社会》,陈步译,商务印书馆 1989 年版。

[77][美]P. 艾伯·邦茨-辛普森:《第三世界的法律与发展》,洪范翻译小组译,法律出版社 2006 年版。

[78][日]大须贺明:《生存权论》,林浩译,法律出版社 2001 年版。

[79][日]大沼保昭:《人权、国家与文明》,王志安译,生活·读书·新知三联书店 2003 年版。

[80][日]速水佑次郎、神门善久:《发展经济学——从贫困到富裕》(第 3 版),李周译,社会科学文献出版社 2009 年版。

[81][日]佐藤功:《比较政治制度》,刘庆林,张光博译,法律出版社 1984 年版。

[82][意]卡佩莱蒂:《福利国家与接近正义》,刘俊祥等译,法律出版社 2000 年版。

[83][意]圣多玛斯·阿奎那:《阿奎那著作集·论万事》,吕穆迪译,安徽人民出版社 2013 年版。

[84][印]阿马蒂亚·森:《以自由看待发展》,任赜、于真译,中国人民大学出版社 2012 年版。

[85][印]阿马蒂亚·森:《理性与自由》,李风华译,中国人民大学出版社 2013 年版。

[86][英]安德鲁·克拉帕姆:《非国家行为人的人权义务》,徐昕等译,法律出版社 2013 年版。

[87][英]戴维·M. 沃克:《牛津法律大辞典》,李双元等译,法律出版社 2003 年版。

[88][英]范达娜·德赛、罗伯特·B. 波特主编:《发展研究指南》,杨先明、刘岩译,商务印书馆 2014 年版。

[89][英]哈耶克:《法律、立法与自由》,邓正来译,中国大百科全书出版社 2000 年版。

[90][英]洛克:《政府论》(下篇),叶启芳译,商务印书馆 1964 年版。

[91][英]马凌诺斯基:《文化论》,费孝通译,华夏出版社2002年版。

[92][英]米尔恩:《人的权利与人的多样性——人权哲学》,夏勇,张志铭译,中国大百科全书出版社1995年版。

[93][英]尼尔·麦考密克、[澳]奥塔·魏因贝格尔:《制度法论》,周叶谦译,中国政法大学出版社2004年版。

[94][英]亚当·斯密:《国民财富的性质和原因的研究》,郭大力、王亚南译,商务印书馆1983年版。

[95][英]约翰·奥斯汀:《法理学的范围》,刘星译,北京大学出版社2013年版。

[96][英]詹姆斯·格里芬:《论人权》,徐向东、刘明译,译林出版社2015年版。

二、中文论文

[1]胡锦涛:《在庆祝中国共产党成立90周年大会上的讲话》,载《求是》2011年第13期。

[2]亚粹:《论法治国》,载《政法学报》1903年第1期。

[3]陈光中:《在司法过程中保障人权的五大举措》,载《中国党政干部论坛》2015年第4期。

[4]晨钟:《国内报刊关于"人权"问题的讨论综述》,载《社会科学》1979年第3期。

[5]汪习根:《法治中国的科学含义》,载《中国法学》2014年第2期。

[6]汪习根:《论加强人权司法保障——党的十八届四中全会精神的人权解读》,载《法学杂志》2015年第1期。

[7]汪习根:《全面推进人权法治建设的行动纲领——十八届四中全会精神的人权解读》,载《浙江社会科学》2015年第2期。

[8]姜明安:《论法治国家、法治政府、法治社会建设的相互关系》,载《法学杂志》2013年第6期。

[9]樊崇义:《尊重和保障人权与诉讼法律监督》,载《国家检察官学院学报》2013年第1期。

[10]周雪光,艾云:《多重逻辑下的制度变迁:一个分析框架》,载《中国社会科学》2010年第4期。

[11]蒋薇:《论刑事被追诉人及其辩护律师的辩护权——以秩序价值与人权价值之间的平衡为视角》,载《求索》2012 年第 10 期。

[12]韩春晖:《论法治思维》,载《行政法学研究》2013 年第 3 期。

[13]何志鹏:《国际法治:一个概念的界定》,载《政法论坛》2009 年第 4 期。

[14]何志鹏:《超越国家间政治——主权人权关系的国际法治维度》,载《法律科学》2008 年第 6 期。

[15]殷啸虎:《法治思维内涵的四个维度》,载《毛泽东邓小平理论研究》2014 年第 1 期。

[16]袁曙宏:《十六大以来我国依法治国的重大发展》,载《国家行政学院学报》2007 年第 5 期。

[17]袁曙宏、杨伟东:《我国法治建设三十年回顾与前瞻——关于中国法治历程、作用和发展趋势的思考》,载《中国法学》2009 年第 1 期。

[18]韩大元:《简论法治中国与法治国家的关系》,载《法制与社会发展》2013 年第 5 期。

[19]韩大元:《完善人权司法保障制度》,载《法商研究》2014 年第 3 期。

[20]张伟:《中国学术界对国家人权机构问题的研究》,载《人权》2013 年第 3 期。

[21]张伟:《关于在中国设立"国家人权"机构的几点思考》,载《中国政法大学学报》2011 年第 6 期。

[22]张伟:《尊重和保障人权是法治国家的核心价值》,载《现代法学》2015 年第 2 期。

[23]周叶中:《关于"法治中国"内涵的思考》,载《法制与社会发展》2013 年第 5 期。

[24]吴大英、刘瀚:《对人权要作历史的具体的分析》,载《法学研究》1979 年第 4 期。

[25]车丕照:《我们可以期待怎样的国际法治?》,载《吉林大学社会科学学报》2009 年第 4 期。

[26]徐显明:《法治的真谛是人权》,载《学习与探索》2001 年第 4 期。

[27]张善根:《人权视野下的民生法治》,载《法学论坛》2012 年第 6 期

[28]徐晓冬:《依法治国要处理好十大协同关系——对当前依法治国有

关讨论的思考》,载《人民论坛》2014 年第 30 期。

[29]贺然:《论人权的有限性和普遍性》,载《兰州学刊》2009 年第 11 期。

[30]车华:《中国特色社会主义人权的四个基本问题》,载《学习论坛》2015 年第 6 期。

[31]方军:《制度伦理与制度创新》,载《中国社会科学》1997 年第 3 期。

[32]李林:《建设法治中国要破解权大于法难题》,载《求是》2014 年第 5 期。

[33]李步云:《建设社会主义法治国家》,载《中共中央党校学报》2008 年第 2 期。

[34]陈佑武、李步云:《改革开放以来法治与人权关系的历史发展》,载《现代法学》2015 年第 2 期。

[35]陈佑武:《论人权问题的两重性及其基本矛盾》,载《求索》2005 年第 12 期。

[36]陈佑武:《人权法是客观性与主观性的辩证统一》,载《法学杂志》2007 年第 2 期。

[37]陈福胜:《论中国法治国情对人权司法保障制度完善的促动》,载《学术交流》2014 年第 11 期。

[38]程燎原:《再说"〈宪法修正案〉修正了什么"——"法治"、"人权"入宪之断想》,载《现代法学》2012 年第 6 期。

[39]陈忠林:《自由·人权·法治——人性的解读》,载《现代法学》2001 年第 3 期。

[40]李延明:《论人权、自由、民主、法治及其关联》,载《探索》2009 年第 6 期。

[41]王卓君:《渐进宪政的民主、法治和人权保障——以行政法为主线》,载《中国法学》2004 年第 5 期。

[42]石伟:《论实践的人权研究——基于 1949 年以来人权研究论争的考察》,载《思想战线》2015 年第 1 期。

[43]刘春梅、张天虹:《尊重和保障人权的法治实践与完善》,载《人民论坛》2015 年第 2 期。

[44]张卓明:《人民主体地位对法治建设的指导意义》,载《社会主义研究》2015 年第 1 期。

[45]胡杰:《人权司法保障制度的法理解读》,载《学术交流》2015 年第 2 期。

[46]刘连泰:《依法治国的原理与规范》,载《浙江社会科学》2015 年第 2 期。

[47]李凯林、刁超群:《法治的反思》,载《北京大学学报》(哲学社会科学版)2015 年第 1 期。

[48]付子堂:《实质法治:中国法治发展之进路》,载《学术交流》2015 年第 3 期。

[49]丁泽勤:《马克思历史主义论域中的人权观中国特色》,载《社会主义研究》2013 年第 5 期。

[50]薛勇民,路强:《论人对自然的责任意蕴——基于海德格尔思想的探析》,载《科学技术与辩证法》2008 年第 5 期。

[51]马建红:《人权派人权思想研究》,山东大学 2005 年博士学位论文。

[52]黄如松:《萨特人学辩证法思想研究》,南京大学 2011 年博士学位论文。

[53]季涛:《法律之思——法律现代性危机的形成史及其现象学透视》,浙江大学 2007 年博士学位论文。

[54]李海星:《普遍的人权与人权的普遍》,中共中央党校 2005 年博士学位论文。

[55]李家成:《关怀生命——当代中国学校教育价值的新取向》,华东师范大学 2002 年博士学位论文。

[56]李影:《以人为本理念下的中国人权建设研究》,东北师范大学 2012 年博士学位论文。

[57]刘冲:《马克思人权思想研究》,吉林大学 2007 年博士学位论文。

[58]曲波:《马克思人类解放视阈中的人权观》,吉林大学 2013 年博士学位论文。

[59]孙强;《改革开放以来马克思主义人权理论中国化问题研究》,山东大学 2011 年博士学位论文。

[60]万其刚:《论人的尊严作为人权正当性根据》,中国政法大学 2007 年博士学位论文。

[61]张东:《人权理论若干重大问题研究》,中共中央党校 2009 年博士学

位论文。

[62]张继良:《中共人权理论与中国人权立法研究》,东北师范大学2004年博士学位论文。

[63]周雪峰:《法、人格、自由的内在逻辑结构研究——立基于康德和黑格尔的法哲学》,武汉大学2011年博士学位论文。

三、外文文献

[1]Amartya Sen, *Rationality and Freedom*, Harvard University Press, 2004.

[2] Amartya Sen, *Development as Freedom*, New York: Alfred A. Knopf, INC, 2004.

[3]Amartya Sen, "the Impossibility of a Paretian Liberal", *The Journal of Political Economy* 78, 1970.

[4]Arthur H. "Garrison, Traditions and History of the Meaning of the Rule of Law", *The Georgetown Journal of Law & Public Policy* 12.

[5]Bin Cheng, *General Principles of Law as Applied by International Courts and Tribunals*, Cambridge University Press, 2006.

[6] Christian Tomuschat, *Human Rights Between Idealism and Realism*, Oxford University Press, 2003.

[7] Christian Tomuschant, *The Applicability of Human Rights Law*, Verlag Berlin, 2004.

[8]Coase, "The Problem of the Social Cost", *Journal of Law and Economics* 3, 1960.

[9]Coleman, J. S., *The Introduction to Mathematical Sociology*. Free Press, 1964.

[10]Coleman, J. S., *Foundation of Social Theory*, Cambridge, Belknap Press of Harvard University Press, 1990.

[11]Daniel. Bromley, *Economic Interests and Institutions*, New York, Basil Blackwell, 1989.

[12] Douglass C. North, Institutions, *Institutional Change and Economic Performance*, New York, Cambridge University Press, 1990.

[13]Eric Voegelin, *History of Political Ideas*, *Vol. II*, *The Middle Ages to*

Aquinas.

[14] Francois Gény, Méthode d' interprétation et Sources en Droit Privé Positif, 1899.

[15] Friedrich Nietzsche, *The Gay Science*, trans. by Walter Kaufmann, New York, 1974.

[16] Friedrich August Hayek, *Individualism and Economic*, Chicago, the University of Chicago Press, 2009.

[17] Geoffrey Brennan & James M. Buchanan, *The Reason of Rules: Constitutional Political Economy*, New York, Cambridge University Press, 2008.

[18] Hannah Arendt, *On Revolution*, New York, Viking Press, 1963.

[19] Hobbes, Thomas. Warrender, Howard, ed. De cive. The English version entitled, in the first edition, Philosophicall rudiments concerning government and society. Oxford, Clarendon Press, 1983.

[20] Hugh Gibbons, "Law in an Age of Social Change", *American Bar Association Journal* 57, 1971.

[21] James Buchanan, "The Constitutional of Economic Policy", *American Economic Review* 77, 1987.

[22] James Gwartney and Randall Holcombe, "Politics as exchange: the classical liberal economics and politics of James M. Buchanan", *Constitutional Political Economy* 25, 2014.

[23] James M. Buchanan and Gordon Tullock, *The Calculus of Consent: Logical Foundations and Constitutional Democracy*, Ann Arbor, University of Michigan Press, 1962.

[24] J. A. Simpson and E. S. C. Weiner, *The Oxford English Dictionary* Vol. VIII, Oxford, Clarendon Press, 1989.

[25] J. A. Simpson and E. S. C. Weiner, Oxford English Dictionary Vol. XV, Oxford, Clarendon Press, 1989.

[26] John Austin, Lectures on Jurisprudence or the Philosophy of Positive Law, 5th ed., revised and edited by Robert Campbell, London, 1885.

[27] John Austin, Edited by Wilfrid E. Rumble, *The Province of Jurisprudence Determined*, London, Cambridge University Press 1995.

[28] John D. Black, *factors Conditioning Innovations in Agriculture*, Mechanical Engineering, March, 1945.

[29] John Rawls, *A Theory of Justice*, The Belknap Press of Harvard University Press, 1971.

[30] John Rawls, *A Theory of Justice*, Cambridge, Harvard University Press, 1999.

[31] John M. Walker, "Advancing the Rule of Law Abroad", *International Lawyer(ABA)* 43, 2009.

[32] Jonathan Elliot, *Debates of state Conventions on the Adoption of the Federal Constitution* 1, 1861.

[33] Joseph A. Schumpeter, Capitalism, *Socialism and Democracy*, London and New York, the Taylor & Francis Press, 1976.

[34] Joseph A. Schumpeter, *The Theory of Economic Development-An Inquiry into Profits, Capital, Credit, Interest, and the Business Cycle*, Cambridge, Harvard University Press, 1961.

[35] Karl Jaspers, *The Origin and Goal of History*, New Haven and London, Yale University Press, 1953.

[36] Kohler, Moderne Rechtsprobleme (2 ed. 1913) 1; id. Lehrbuch der Rechtsphilosophie, 1917.

[37] Lance E. Davis, Douglass C. North, *Institutional Change and American Economic Growth*, New York, Cambridge University press, 1971.

[38] Malcolm N. Shaw, *International Law*, Cambridge University Press, 2003.

[39] Michael B. Likosky, *Law, lnfrastructure, and Human Rights*, London, Cambridge University Press, 2006. Coase, Ronald H. 1960. "The Problem of the Social Cost", *Journal of Law and Economics* 3, pp. 1 – 44.

[40] Miller, Nelson P., "Seven Conceptual and Historical Errors in Tort Law", *Tort Trial & Insurance Practice Law Journal* 40, 2004.

[41] Nigel S. Rodley, *Can Armed Opposition Groups Violate Human Rights? in Human Rights in the Twenty-First Century: A Global Challenge*, Kathleen E. Mahoney & Paul Mahoney eds. 1993.

[42] Ponder, "Lester M. Big Bio Suits of Size, Legacy of a Judicial Giant: Learned Hand", *Experience* Vol. 5, 1995.

[43] Preparatory Meeting of Asian Countries in Bangkok, March 1993, FAR E. ECON. REV., June 17, 1993.

[44] Roscoe Pound, "American Idea of Government", *American Bar Association Journal* 30, 1944.

[45] Sammy Adelman & Abdul Paliwala ed, *Law Crisis in the Third World*, London & New York, H. Zell, 1993.

[46] Statute of the International Court of Justice, art. 38(1)(b).

[47] Stephane Beaulac, *An Inquiry into the International Rule of Law*, EUI Working Paper MWP, 2007.

[48] Steven R. Ratner, "Corporations and Human Rights: A Theory of Legal Responsibility". Yale L. J. 111, 2001.

[49] S. R. K. Glanville, *The Legacy of Egypt*, Oxford, Clarendon Press, 1942.

[50] Thorstein Veblen, *The Place of Science in Modern Civilisation and Other Essays*, New York, Russell & Russell, 1919.

[51] Trevor Noble, *Social Theory and Social Change*, London, Macmillan Press LTD, 2000.

[52] United States v. Carroll Towing Co., 159 F. 2d(2d Cir. 1947).

[53] V. Bradley Lewis, "Higher Law and the Rule of Law: The Platonic Origin of an Ideal", *Pepperdine Law Review* 36, 2009.

[54] William Blackstone, *Commentaries on the laws of England*, Oxford, Clarendon Press, 1765 - 1769(4 vols).

图书在版编目(CIP)数据

论良法的生成／余渊著. -- 北京:法律出版社,
2018
(南昌大学法学文库)
ISBN 978-7-5197-2690-4

Ⅰ. ①论… Ⅱ. ①余… Ⅲ. ①法的理论-研究 Ⅳ.
①D90

中国版本图书馆CIP数据核字(2018)第209650号

论良法的生成
LUN LIANGFA DE SHENGCHENG

余 渊 著

策划编辑 张泽华
责任编辑 沈小英 张泽华
装帧设计 李 瞻

出版 法律出版社
总发行 中国法律图书有限公司
经销 新华书店
印刷 北京虎彩文化传播有限公司
责任校对 晁明慧
责任印制 吕亚莉

编辑统筹 财经法治出版分社
开本 720毫米×960毫米 1/16
印张 10.5
字数 202千
版本 2018年12月第1版
印次 2018年12月第1次印刷

法律出版社／北京市丰台区莲花池西里7号(100073)
网址／www.lawpress.com.cn
投稿邮箱／info@lawpress.com.cn
举报维权邮箱／jbwq@lawpress.com.cn
销售热线／010-83938336
咨询电话／010-63939796

中国法律图书有限公司／北京市丰台区莲花池西里7号(100073)
全国各地中法图分、子公司销售电话:
统一销售客服／400-660-6393
第一法律书店／010-83938334/8335
西安分公司／029-85330678
重庆分公司／023-67453036
上海分公司／021-62071639/1636
深圳分公司／0755-83072995

书号:ISBN 978-7-5197-2690-4
定价:55.00元
(如有缺页或倒装,中国法律图书有限公司负责退换)